批判的に読み解く「歎異抄」

——その思想のもつ倫理的課題——

寿台順誠

22世紀アート

まえがき

〽思えば遠くへ来たもんだ　故郷《ふるさと》離れて30余年

（海援隊「思えば遠くへ来たもんだ」作詞：武田鉄矢　作曲：山木康世＝但し、歌詞を一部改変）

本書は、もともと私が生家である正雲寺（名古屋市中川区・真宗大谷派）の同朋会公開講座において話した記録（限定的に配布された冊子）を、改めて一般に広く公開するために出版するものである（「同朋会」とは真宗大谷派における同朋会運動という信仰運動によって各寺に生まれた会の名称である）。この講座は、２０１９年10月22日と２０２０年１月21日の二回にわたって開かれた。

私事で恐縮だが、実は１９８６年に私の父親・寿台順祐（正雲寺13世住職）が癌で亡くなったことをきっかけに、それまで寺の仕事や真宗大谷派の諸活動を一緒に行ってきた兄・寿台順潮（同寺14世住職）との関係が悪化し、私は生家を出ることになった。

以来、私はまず関西でいくつかの寺院に勤務した後、１９８９年夏の参院選（いわゆる「土井ブーム」）

で当選した翫正敏参院議員（日本社会党比例区・石川県小松市真宗大谷派正光寺住職＝当時。翫氏は２０２２年１月26日、腎臓病のため死去）の秘書を務め、自衛隊海外派遣（ＰＫＯ）問題、戦後補償問題や死刑廃止問題などに関わった。そして、その経験から憲法や国際法に関心を持つようになり、秘書辞任後は大学院で法学の勉強をした（２０１９年に22世紀アートから出し直した『世界人権宣言の研究――宣言の歴史と哲学――』は、その時代の成果である）。

が、その後、２０００年に光西寺（東京都立川市・浄土真宗本願寺派）に入寺し、２００１年にはその住職に就任することになった。それで、それまで行っていた法学の勉強と住職業を両立することが困難になったことから、住職をしながらでも比較的取り組みやすい生命倫理学に自分の研究を変更するに至った。

私は本書の最初の方で、もう生家で話などすることはないと思っていたのに、そういう機会を得たことの「感慨」を述べている。以上のような30数年を経て、今ではかつての生家での父の死や兄・母（寿台かくの）との確執といった出来事を、ほとんど「前前前世」のことのように感じているしだいである。

さて、この40年余の間に、私の『歎異抄』の見方も変わってきた。

私が最初に『歎異抄』の中のいくつかの言葉に心奪われた時のことは、よく憶えている。それは１９

８１年春に最初の大学を卒業して、正雲寺に勤務し始めた頃のことだが、とりわけ２条の「念仏は、まことに浄土にうまるるたねにてやはんべるらん、また、地獄におつべき業にてやはんべるらん。総じてもって存知せざるなり」という言葉に、完全に心を持っていかれたのである。それで、しばらくの間、私は何かに取り憑かれたように、そうした『歎異抄』の中のいくつかの有名なフレーズを独り言として繰り返す日々を送ったが、そのようなこともあって、１９８２年春には名古屋にある真宗大谷派の同朋大学に編入学し、仏教（浄土真宗）の勉強をする身となった。

ただ、私は同大学の卒論を書く頃から、少しずつ『歎異抄』には距離を置くようになった。私は卒論では浄土真宗の教団問題をテーマに選んだのであるが、当時、真宗大谷派においてよく議論されていたこととして、「歎異《たんに》と改邪《がいじゃ》」という問題があった。「歎異」は勿論『歎異抄』を指すが、「改邪」とは覚如の『改邪鈔』のことである。この議論は当初、「一室の行者のなかに、信心異なることなからんために、なくなく筆を染めて」、つまり同門の念仏者の間で信心が異なることへの悲しみと懺悔（自己批判）に立って書かれた『歎異抄』に比べて、「かの邪幢《じゃどう》を砕きてその正灯《しょうとう》を挑《かか》げんがためにこれを録す」として記された『改邪鈔』は異端糾弾を思わせるものであるという後者に対する批判から始まったのであるが（寺川俊昭『歎異抄の思想的解明』法蔵館、１９７８）、その後この議論は、確かに「歎異のない改邪は権威的」であるが、「改邪のない歎異は自己弁護にすぎんのじゃないか」という形で（宗正元「歎異と改邪」『大地塾報』29、1979：藤元正樹「報恩講としての教団の形成」『教化研究』87、1980）、むしろ『改邪鈔』を評価し直す方向へと進んだ。ここには、当時真宗教団がかつての戦争協力に対する批判や部落差別問題での糾弾に晒されており、そうした過ちを単に歎くだけでなく、改めるべきものは改めることが求められていたという状況が反映していた。そこで私は自分の卒論ではそうした議論を整理した上で、『歎異抄』の著者は…具体的に起こる様々な問題を、その根本としての宗教的実存の面でのみ論ずる傾向があるに対し、覚如は親鸞の精神を、もっと生々しい日常的な場において問うことで、むしろ『歎異抄』の著者の残した問題を自らの課題としたと言えるのではないだろうか」（拙著「真宗僧伽論」『同朋仏教』18、1984）と書いていた。このように、当時の私はまだ『歎異抄』も『改邪鈔』もどちらも救い出したいと思っていたのであるが、この卒論を通して私の『歎異抄』に対する熱が冷め始めたのは事実である。

ただ『歎異抄』の全面的な批判に至るには、さらなる年月が必要であった。光西寺の住職になった後、私は2010年に立川市教育委員会が生涯教育として開催している「たちかわ市民交流大学」から依頼されて『歎異抄』の5回連続講義を行なったり、また、2013年には立川の市民団体である「シビル」の依頼で6回の連続講義を行ったりする機会を得た。が、そのような連続講義をするためには、それまでのように断片的に記憶しているにすぎない『歎異抄』の一言半句を振り回しておればよいということにはならない。それで、それまで親しんできた『歎異抄』の言葉の数々が、文脈全体の中でどのような意味を持っているのかといったことを考えていくと、『歎異抄』という書物のもつ力は専ら修辞的《レトリカル》なものであって、論理的《ロジカル》には筋の通っていないところや、そもそも論理が破綻してしまっているところが結構多いことが気になるようになった。そして、そのようにして批判的に読み進むにつれて、ついに私は『歎異抄』という書物全体に対して批判的（ほとんど否定的）な考えをもつに至った。『批判的に読み解く「歎異抄」』という本書のタイトルは、元々はシビルの市民講座で話をする際に私の話の趣旨を汲み取って、シビルのスタッフであり、また光西寺の門徒でもある川上哲氏によって付けていただいたものである（http://www.civiltachikawa.sakura.ne.jp/shimin-koza-n19.html）。

正雲寺同朋会公開講座での話は、以上の積み重ねの中で固まってきた私の『歎異抄』批判のエッセンスを語ったものである。これを改めて出版することになった今の私の率直な心境を記すならば、この30数年において「思えば遠くへ来たもんだ」ということになるのである。

本書の前半は『歎異抄』の倫理的課題の中心テーマである3条（悪人正機）と13条（本願ぼこり）を批判的に検討したものであり、後半は前半の話を裏付けるために、『歎異抄』という書物の全体構造（特に「異義篇」）のもつ問題性を解明しようとしたものである。が、本書において所々で「お配りした資料」

とか、「配布資料」とかという言葉が出てくることについても説明しておいた方がよいであろう。ここには、正雲寺における二回の公開講座では資料を配布して話を進めたのであるが、その話をまとめて冊子にする際には、その資料に掲載されていた参考文献などの必要な情報を、本文に（　）で入れ込んだり、注に記したりして、講座当日には参加しなかった人にも無理なく読めるようにしたという経緯があった。従って、本書の読者は見ることのできない「配布資料」などという言葉が出てくると何かもどかしい思いがするかもしれないが、その資料の中の必要と思われる情報は、既に本書の中に組み込まれているとお考えいただければよいというわけである。

このまえがきの終わりに謝意を表しておきたい。

まず誰よりも、正雲寺同朋会の公開講座で話をする機会を与えて下さった寿台順潮住職（兄）に御礼を述べたい。学生の頃から兄とは何かと一緒に行うことが多かったが、前記のように父の死をきっかけに一時は没交渉になった時期さえあった。が、そのような恩讐を越えて、このような機会をいただいたことに、心より感謝したい。

それから次に、正雲寺の責任役員として順潮住職を支えて下さっている井上重信氏に御礼申し上げたい。当初、正雲寺での話を冊子にまとめて下さったのは井上氏である。実際、氏の尽力がなければ、その冊子は出来なかった。ということは、結局、本書も出来なかったということになる。そこで、井上氏には深甚なる謝意を表したい。

また、川上哲氏をはじめとするシビル市民講座の関係者の方々にも謝意を表しておきたい。というのは、前記のように、私の『歎異抄』の話に〈批判的に読み解く「歎異抄」〉というタイトルを最初に与えて下さったのはシビル市民講座の川上氏だったからである。このことによって、私はいよいよ『歎異抄』に批判的に対峙する自分の姿勢を固めることができたのである。そこで、シビルの関係者に改めて御礼申し上げたい。

最後に、今回こういう形で改めて本書を公刊するにあたってお世話いただいた、22世紀アートの中野裕次郎氏をはじめとする関係スタッフの皆さんに、心より感謝の意を表しておきたい。

寿台順誠

目次

批判的に読み解く『歎異抄』（第一回講義）

―悪人正機と本願ぼこり（造悪無碍）―

（はじめに）『歎異抄』と親鸞の異同（何がどう異なるのか）

『歎異抄』の「悪人正機」を親鸞思想の中心思想として肯定する立場（同）と、そうでない立場（異）

こんにちは、お久しぶりです。と申し上げてもほとんどの方は私をご存知ないだろうと思いますが、実は私はここで生まれ育った者です。三十二年半前にこのお寺を色々な経緯があって出ることになりました。今は東京の立川で浄土真宗本願寺派のお寺の住職をやっております。私の生まれたお寺でこうやってまたお話する機会があるとは思ってもみませんでしたので、今日は言葉にしがたい感慨があります。三年ほど前ですか、皆さん御覧になったかどうか分かりませんが、新海誠監督の『君の名は。』というアニメ映画が流行りましたね。その主題歌に「前前前世」という言葉が出てきました。「君の前前前世から僕は　君を探しはじめたよ」という歌詞です。これは今の私の心境なんですね。

正雲寺を出て以来、大体十年毎に自分のやっていることとか研究しているテーマとかが変わったりしたものだから、十年ひと昔と考えると「前前前世」位の時に私はここで生きていたことになります。それで何か深いご縁のようなものを感じていることを最初に述べさせていただきたいんです。でも今日は

『歎異抄』の話をしなきゃいかんのに、私の「前前前世」にさかのぼってやってきたことを今話し始めると多分一時間半喋っちゃいますから、それはまた機会があれば申し上げたいと思います。

それでは早速中身に入ることに致します。まず『歎異抄』といえば親鸞、親鸞といえば『歎異抄』と、まあそう思っている人は今でも多いでしょう。いずれにしましてもかなり長い間、親鸞の考えと『歎異抄』に書いてあることはほぼ同じ、必然的にイコールとして考えられてきたんだろうと思いますね。しかしここへきてその辺の考えが変わってきた、そういうことを少し今日はお話したいと思います。

どうやって変わってきたか、どの程度変わってきたかってことについて、お配りした資料の５ページを開いて下さい。『歎異抄』に関して載っていますが、これは山川出版の日本史の教科書をさらに詳しく解説した参考書です。その１９９８年版と２００８年版を、両者の文章はほとんど一緒ですけど、傍線のとこだけ見ますと１９９８年版にはこう書かれていました。

罪深い悪人こそが、阿弥陀仏が救済しようとする対象であるとの悪人正機の説をたてた。

親鸞が悪人正機説を「たてた」というのは、「提唱した」ってことですよね。そういうふうに書いてあったし、長らくそう思われてきました。ところが十年経った２００８年版を見て下さい。２００８年版の解説によりますとこう変わっています。ほんのちょっとした変化ですけどね。

罪深い悪人こそが、阿弥陀仏が救済しようとする対象であるという悪人正機の説を強調した。

「たてた」とはもう書かなくなったんですよ。「悪人正機」、悪人こそ救われるという教えは親鸞の教えだとずっと考えられてきた。その説は親鸞が初めて言ったことだ、提唱したことだ、とされてきたけれども、十年たったら「たてた」じゃなくて「強調した」に変わっている。「強調した」ということは、「たてた」人は別にいたということです。昔から言われてはおったことですけど、おそらく「たてた」のは法然上人だとなって親鸞が「たてた」とは言えなくなったから、親鸞が「強調した」ってことになった。推測ですが、もう少し経ったら「親鸞が悪人正機を強調した」とも書かなくなるんじゃないかと私は思っています。

それからついでですけど、教科書的には、法然が念仏だけで救われるという専修念仏の教えを明らかにして浄土宗という宗派を開き、その法然の教えを弟子である親鸞が「深めた」とか、「さらに一歩進めた」とか、今まではそういう語り方が一般的にされてきたのですが、最近浄土宗の教団から、そんなことを主張する証拠があるのかというクレームが付き始めているようです。これにはいろんな意味があると思います。おそらくこれまで浄土真宗の方が勢力が大きいものだから、なかなか浄土宗側から言えなかったのではないかと思います。でも最近やっぱりもう言わざるを得なくて言い出したというか、そんなこともありまして、仏教はこんなもんだろう、浄土宗はこんなもんだろうと、我々が一般的に考えていたことを大分修正しなきゃいけない、考えを改めなくてはいけないってとこに来ているのだと思います。

教科書の記述が少しでも変わるってことは、相当な議論があって変わるので、今述べた変化もそういうことなのです。さて資料の1ページに戻ってみましょう。初めの『歎異抄』と親鸞の異同」というところですが、『歎異抄』は長らく親鸞と一緒だと思われてきた。その場合は大体「悪人正機」が親鸞の中心思想だと考えられていて、そして、まあ大体『歎異抄』をみんな肯定的に見ていた、ということですね。悪人でも救われる、いや悪人こそ救われるという教えを明らかにして下さったことによって、言ってみればこんなダメな私でもこのままでいいのだと、そういう安心感を多くの人に与えてきたのだと思います。そういう意味で親鸞の教えのエッセンスが『歎異抄』には語られているんだと長らくそう思われてきた。しかし今言ったみたいなことで、教科書の記述も変わらざるを得ないほど、本当は違うんじゃないのってことがだんだん言われるようになってきたわけです。

そこで、違うと言う人たちの著作を見ると、『歎異抄』と親鸞は違うと言う場合、『歎異抄』はやっぱり親鸞を捻じ曲げているんじゃないのと『歎異抄』を批判する人が多いです。それは資料の注の１の文献（石田瑞麿『歎異抄―その批判的考察―』春秋社、１９８４年〔新装版〕、遠藤美保子「親鸞の他力思想と悪人正機説に関する再検討―造悪無碍説批判を中心に―」『仏教史研究』32、１９９５年、『歎異抄』と親鸞の思想の異同に関する一考察―「本願ぼこり」を中心に―」『日本宗教文化史研究』２（２）、１９９８年、等）に大体書かれてあります。

しかし、『歎異抄』と親鸞は違うということを分かりながら尚且つ『歎異抄』を評価する人がいるんですね。それをちょっと紹介しときます。近代において『歎異抄』を広めるのに大きな影響力を持った人の一人である暁烏敏《あけがらすはや》がこういうことを言っています。

『歎異抄』に書いてあることが、たとい歴史上の親鸞聖人の意見でないにしたところが、そんなことはどうでもよい。もし歴史上の親鸞聖人が、『歎異抄』のような意見を持たなかった人であるとすれば、私はそんな親鸞聖人には御縁がないのである、なんらの関係もないのである。そうすれば私の崇拝する親鸞聖人はぜひ、この『歎異抄』のとおりの意見を有したる人でなければならぬ。私の渇仰する親鸞聖人はこの『歎異抄』の人格化したる人でなければならぬ。ゆえに私の宗教の開祖としての親鸞聖人は、確かにこの『歎異抄』と同じ意見を有した人であるに違いない。（暁烏敏『歎異

抄講話』講談社、1981年、27ページ）

これは滅茶苦茶な論理ですよ。『歎異抄』と親鸞は違うことは分かっているけど自分好みの親鸞であってほしいから、自分の好みじゃないところを全部切って捨てる。これは親鸞像の捏造です。暁烏敏はこういう形で『歎異抄』と親鸞を一緒くたにして『歎異抄』を広めたわけです。こういう態度はよくないと思います。本当は違うと思っているのに一緒だと言うのは意図的・確信犯的な捏造だと思います。さてこれをはじめに申し上げておいて第三条の「悪人正機」の問題に入っていきたいと思います。

一、「悪人正機」（第三条）の問題

(1)「悪人正機説」の提唱者（定式者）――親鸞?・法然?・唯円?・覚如?

（正雲寺の）住職からお聞きしたところでは、『歎異抄』を読まれたことがない方が多くおられるかもしれんということでしたので、今日取り上げる三条と十三条だけコピーしてお配りしておきました。「悪人正機」と呼び慣わされている条文、三条を読みます。

善人なほもつて往生をとぐ、いはんや悪人をや。しかるを、世のひとつねにいはく、「悪人なほ往生す、いかにいはんや善人をや」。この条、一旦そのいはれあるに似たれども、本願他力の意趣にそむけり。そのゆゑは、自力作善のひとは、ひとへに他力をたのむこころかけたるあひだ、弥陀の本願にあらず。しかれども、自力のこころをひるがへして、他力をたのみたてまつれば、真実報土の往生をとぐるなり。煩悩具足のわれらは、いずれの行にても生死をはなるることあるべからざるを、あはれみたまひて願をおこしたまふ本意、悪人成仏のためなれば、他力をたのみたてまつる悪人、もつとも往生の正因なり。よつて善人だにこそ往生すれ、まして悪人はと、仰せ候ひき。（本願寺派『浄土真宗聖典』〔注釈版・第二版＝以下同様〕８３３‐８３４ページ、大谷派『真宗聖典』６２７

‐628ページ)

これは『歎異抄』の中で一番有名な部分ですが、それをまず確認しました。それでこの中の重要な言葉について一つ一つ争いになっている部分に注目したいと思います。

まず「悪人正機説」は先ほど申したように「親鸞がたてた」と長らく思われてきたんですが、いや親鸞じゃなく実は法然なんじゃないのということが言われるようになりました。それを示す文章を確認しときましょう。

善人尚ほ以て往生す、況んや悪人をや、の事。口伝これあり。私に云ふ、弥陀の本願は、自力を以て生死を離るべき方便ある善人のためにおこし給はず。極重悪人にして他の方便なき輩をあはれみてをこし給へり。しかるを菩薩賢聖もこれに付きて往生を求め、凡夫の善人もこの願に帰して往生を得。況んや罪悪の凡夫、もっともこの他力を憑むべし、といふなり。悪しく領解して邪見に住すべからず。譬えば、本は凡夫のためにして、兼ねて聖人のためと云ふが如し。よくよく心得べし、心得べし。(醍醐本『法然上人伝記』)

この醍醐本『法然上人伝記』の言葉が注目されるようになってから、『歎異抄』三条は法然の言葉じゃないか、だから「悪人正機説」の提唱者は親鸞じゃなくて法然なんじゃないかと言われるようになりました。

しかし、別の読み方をしますと、『歎異抄』三条に書かれている「悪人正機説」の提唱者は法然でも親鸞でもなく、『歎異抄』を書いた唯円じゃないのという見方もできます。それをちょっと三条の条文で示したいのですが、お配りした資料の６ページには同じ文章を二つの読み方で示しました。以下、傍線は親鸞の言葉、傍点は法然の言葉、太字は唯円の言葉ということにしときます。それで最初の読み方は次のようなものです。

「善人なほもつて往生をとぐ、いはんや悪人をや。」**しかるを世のひとつねにいはく、「悪人なほ往生す。いかにいはんや善人をや」。…（中略）…よつて**「善人だにこそ往生すれ、まして悪人は」と、仰せ候ひき。

この読み方ですと、親鸞の言葉は最初の書き出し「善人なほもつて往生をとぐ、いはんや悪人をや」と、最後の「善人だにこそ往生すれ、まして悪人は」の二文だけであって、あとの繋ぎの「しかるを世のひと常にいはく…」からの言葉は全部唯円の文章だと言う読み方ができます。こう読むと悪人正機説は親鸞でも法然でもなくて、唯円が提唱したのだと読めるわけです。

さてしかし、こういう読み方もできる反面、先ほど触れた法然説を採ると次のようになります。

『善人なほもつて往生をとぐ、いはんや悪人をや。』しかるを世のひとつねにいはく、『悪人なほ往生す。いかにいはんや善人をや』。（中略）よつて『善人だにこそ往生すれ、まして悪人は』と、仰せ候ひき。」**と云々**

と、はじめの「善人なほもつて往生をとぐ、いはんや悪人をや。」と、最後の「善人だにこそ往生すれまして悪人は」の二つの文は法然が言ったことだけれど、その間の言葉と末尾の「（法然が）仰せ候ひき」は全部親鸞が言ったことになります。そしてこの場合、三条全体を「　」で括って最後に「と云々」と補った方が分かりやすくなると思いますね。

『歎異抄』の一条から十条までの親鸞の語録を集めてあるところを「師訓篇」と申しますが、「師訓篇」の各条文は、三条と十条を除いて、全て「と云々」で終わっています。「以上のこと等々を親鸞聖人が仰いました」というわけです。

ところが三条は「と云々」で終わっていません。「仰せ候ひき」で終わっています。この場合、「仰せ」になったのは誰ですかね。一般には「親鸞聖人が仰せになった」と唯円が書いていると考えてきたと思うんですが、実は他の条文は全部「と云々」となってんだから、ここには「と云々」を補ってみるべきだという読み方をすべきではないかとも言われています。そうするとここは「法然上人が『善人なほもって往生をとぐ…』等と仰せ候ひき等々と親鸞聖人が仰しゃいました」と唯円が書いていると読むべきだということになりますよね。

皆さんこんがらがってきたようですので、ここで少し脱線しましょう。宗教的なテキストを読むとき私たちは往々にして気持よくなりたいのですが、それはダメなんです。気持よくなって「ああ有難い、有難い」と言っちゃっては、本当に読んだことにはならないですね。宗教的なテキストっていったって、他のテキストと同じようにやっぱり疑問を持って読まなきゃダメです。辻褄が合わん、なんでこうなってるのだろうと。皆さん、例えば若い頃にラブレター貰ったら一字一句解釈しながら読んだじゃないですか。これどんな意味なんだろうって。「裏の庭で待ってるよ」ってあるんだけど一体どんな意味だろうとか一生懸命考えるじゃないですか。人から手紙をもらったら、みんな必死になって考えるでしょう。こんなこと書いてあるけどどんな意味なんだろうかって。それと同じことだと私は思うんです。重要なものだったら必ず考えるはずです。それと同じように読んで疑問のあるところ、意味が分からないところは放置しとくのじゃなくて考えなきゃいけない。面倒臭いことを申していますけど、こういう面倒臭い手続きが宗教的なテキスト、いや宗教的なテキストに限らずテキストを読むときには必ず起こってくるんです。こんなことは別に学者だけがやっている訳ではありません。

そこで、ここは「仰せ候ひき」となっているのですが、一体誰が何を仰せになったのかというと、最初の読み方のように「善人だにこそ往生すれ、まして悪人は」と親鸞聖人が仰せになったと唯円が書いているとも読めるし、後のように「と云々」を補って読むと、いや実は法然上人がそう仰ったと親鸞聖人が仰っている、と唯円が書いているとも読むことができるわけです。結論を言えば私は後の「と云々」を付ける説を採っています。

そんなことで、悪人正機の提唱者（定式者）は三説出せるわけです。法然か親鸞か唯円か。ただもう一つ「悪人正機説」と言う時、私は覚如が定式者だと申し上げたいのです。というのは『歎異抄』の三条の中には一つも「正機」という言葉が出て来ませんが、親鸞の曾孫・覚如の文章には次のようにあるからです。

これも悪凡夫を本として、善凡夫をかたはらにかねたり。かるがゆゑに傍機たる善凡夫、なほ往生せば、もっぱら正機たる悪凡夫、いかでか往生せざらん。しかれば、善人なほもつて往生す。いかにいはんや悪人をやといふべしと仰せごとありき。(覚如『口伝鈔』第19条。本願寺派『浄土真宗聖典』９０８ページ、大谷派『真宗聖典』６７３ページ)

ここで「正機たる」と言う言葉を使っています。我々が一般に「悪人正機説」と言うとき、『歎異抄』三条のことを言ってるんですが、三条自体には「正因」はあっても「正機」という言葉はありません。それを「正機」という言葉に置き直して「悪人正機説」として定式化したのはやっぱり覚如なのだろうと私は思っています。

(2)「悪人」の意味

次に「悪人」という言葉の意味が問題です。「悪人正機」という時の「悪人」には三つの意味が重なっていると私は思っています。一つは「宗教的な意味」です。これはよく「悪人の自覚」って言い方がされてきました。特に大谷派の近代教学では好んでこの言葉が使われたと思いますが、元々の信仰体系の言葉で言えば「機の深信」と言われるものです。「機の深信」っていうのは救済対象となる人の問題です。

「正機」の「機」とは人のことですけど、「悪人正機」は最近流行の言葉で言うと「悪人ファースト」ってことです。悪人が最初に救われるべき存在だってことですね。それで、「機」という人間についての認識を「機の深信」として親鸞は『観経疏』「散善義」にある善導の二種深心を『教行信証』「信巻」に引用しています。

「自身は現にこれ罪悪生死の凡夫、曠劫《こうごう》より已来《このかた》、常に没し常に流転して、出離の縁あることなし」と信ず。（本願寺派『浄土真宗聖典』２１８ページ、大谷派『真宗聖典』２１５ページ）

わが身は救われ難い「罪悪生死の凡夫」だと、そういうのが人間だということですね。自分自身が救われ難い身だという「宗教的な意味」における信仰的自覚を意味するだけだったら、『歎異抄』は何も問題はありません。ただそこに、「悪人」という言葉を使ったことによって、あと二つの意味が重なってきます。

その一つが「倫理道徳的な意味」です。単に「悪人の自覚」ではなくて、まあ場合によっては、刑法に抵触する犯罪まで含む意味での「悪」が含まれてきます。極端な話、人殺しも放火も含めてということになりますが、そういうことまで「悪人」には含まれてきます。ここで話がややこしくなります。「悪人こそ救われる」というのが、「悪の自覚をもった人だけが救われる」という意味であれば問題ないと思うのですけど、倫理道徳的な意味も含まれるとなると、「人殺しまで救われる」という話になってすごくややこしいことになるわけです。

そして、さらにややこしくなるのは、そこに「悪人」のもう一つの意味、「社会的意味」が重なってくることです。こういう議論は主に歴史家がしてきた議論ですけど、親鸞が一緒に生きたのはどんな人たちだったのかということです。これまで「猟漁師」「商人」「農民」「武士」「被差別民」等が挙げられてきました。『唯信鈔文意』には「屠沽《とこ》の下類」という言葉が出てきます（本願寺派『浄土真宗聖典』707-708ページ、大谷派『真宗聖典』552-553ページ）。「屠」と言うのは屠殺の「屠」ですね。「屠」は生き物を殺し屠《ほふ》る者、「沽」は、物を売り買いする商売ということです。かつて商売人は今よりも価値の低い者として蔑まれていました。が、このような「下類」、即ち「いし・かわら・つぶて」の如き者であっても念仏を称えることによって「こがね」（黄金）に変えなさしめられる、と言っております。そういうことからいって、漁師とか商人とかが「悪人」の中に入るかもしれません。が、さらにそれに加え農民もこの「悪人」には入るかもしれません。笠原一男の『親鸞と東国農民』（山川出版社、1957年）という本がありましたが、これも親鸞が誰と一緒に生きたかを示すものではないでしょうか。それからまた、武士というのは職業として人を殺さなきゃいけません。例えば熊谷次郎直実はそれが嫌になって法然門下に入ったわけですから、彼には「悪人の自覚」があったということですね。が、さらにもう一つ、私が１９８０年代にこういう勉強を始めた頃、非常にセンセーショナルだったのは、「被差別民」がこの「悪人」の意味だと言われていたことですね。河田光夫さんが東本願寺でされた話が特に記憶に残っています（河田光夫『親鸞と被差別民衆―靖国・同和問題研究資料―』真宗大谷派宗務所出版部、１９８６年）。それを一つ紹介しておきましょう。資料１ページの注の７の必要な所だけ読みます。

「キヨメ」ヲ「エタ」ト云フハ、何ナル詞バゾ　根本ハ「餌取」ト云フベキ歟。「餌」ト云フハ、シシムラ、鷹等ノ餌ヲ云フナルベシ。其ヲトル物ト云フ也。「エトリ」ヲ、ハヤクイヒテ、イヒユガメテ、「エタ」ト云ヘリ。（『塵袋』は親鸞没後間もない１２６４～８８年頃成立したとされる辞書。河田光夫『親鸞の思想と被差別民』明石書店、１９９５年、27‐28ページ）

これは当時の辞書のようなものですが、「エトリ」というのは「餌」を「取る」職業ということですね。そして、「キヨメ」というのは「清掃・掃除する人」で、その人たちも下層の人として蔑まれてきたってことがあるんです。また、「非人」とか、官の許可を得ず勝手に坊さんになった「私度僧」（濫僧）とかもここには入っていて、被差別者のことをいろいろ定義して書いてあるんですね。あと途中を飛ばして最後の部分を読んでみます。

…（中略）…天竺に「旃陀羅」ト云フハ、「屠者」也。イキ物ヲ殺シテウルエタ体ノ悪人也。（同前）

「旃陀羅」（チャンダーラ）は『観無量寿経』にも出てきます。インドの被差別民である旃陀羅とは「屠者」であり、生き物を殺して生活する「エタ」のような「悪人」であるというわけです。

要するに「悪人」という言葉は差別用語だったというのです。だから、『歎異抄』の「悪人正機」はこのようなことを念頭に置いて読まないと分からないということを河田光夫さんは強調したわけです。では次の問題に行きます。

（3）「正機」と「正因」

先ほど言いましたように、『歎異抄』三条には、「正機」ではなく「正因」という言葉が出てきます。この違いについて平雅行さんという中世仏教史の専門家は、「正機」は一次的救済対象、「正因」は一次的価値体だという区別をしています（平雅行「VI　専修念仏の歴史的意義」『日本中世の社会と仏教』塙書房、１９９２年、２１５‐２６５ページ・「親鸞の善人悪人観」『親鸞とその時代』法藏館、２００１年、１１２‐１６７ページ参照）。これはわざわざ分かり難くするような言葉だと思いますが、「一次的救済対象」というのは「悪人ファースト」、悪人が真っ先に救われるべき存在だということです。それが「悪人正機」の意味ですね。

それに対して悪人が「正因」、すなわち「一次的価値体」だということを分かり易く言えば、悪人の方が善人より価値が高いということです。悪人が最初に救われるべき存在だとは言っても、善人の方が価値は高いのが「悪人正機」であるのに対して、「悪人正因」の方は善悪の価値そのものをひっくり返してしまうのですから、悪人も救ってあげるのではなくて、悪人じゃないと救われないという意味になります。

この「正機」と「正因」の違いをテキストに沿って確認しておきます。三条の「他力をたのみたてまつる悪人、もつとも往生の正因なり」とあるところは二つの読み方ができますね。一つには「他力をたてまつる」ことが「往生の正因」だと読めますが、これだと信仰論上問題がないです。これは信心を得ることが往生の正しい原因（信心正因）であるという話だから何も問題ありません。ところが、もう一つの読み方があって、「悪人」であることが「往生の正因」だという読み方です。こう読むと「悪人」にならないと救われないことになります。そして、そこに道徳的な意味を含めると、人殺しはダメだと言っちゃダメなんですよ、盗みはダメだと言っちゃダメなんですよというふうになってしまうんです。

事実、私が大谷派で勉強し始めた１９８０年代にはよくそういう話を聞きました。靖国問題を契機に信心を問い直したことで有名な和田稠（しげし）さん（例えば『信の回復』東本願寺出版部、１９７５年参照）は、「悪人も救われるんじゃないんです。悪人になって救われるんです」などと仰っていました。当時はこういうことが革命的なことだと皆思っていました。私もそうでした。が、やがて私は和田さんとは袂を分かつことになりまして、今ではこれは完全に否定すべきだと思っています。これは今改めて反省すべき点だと思いますね。

（4） 悪人正因（正機）説の問題点

悪人正因説・悪人正機説の問題点をまとめておきます。悪人正因（正機）説は、今お話しした社会的な意味、特に被差別民の意味を含み込みながら、いわば浄土真宗における「ブラック　イズ　ビューティフル（Black is beautiful!）」の意味を持つものとして解釈されてきたと思います。しかし「ブラック　イズ　ビューティフル」は肯定されるべき価値転換だと思いますが、果たして「バッド　イズ　ビューティフル」（Bad is beautiful!）という価値転換は許容されるかというのが私の問題意識です。「悪人」という言葉が宗教的な意味にとどまらず、倫理道徳的な意味までつながりやすいことを考えるならば、「悪こそ美しい!」などという価値転換をしてしまいますと、やはり「造悪無碍」、悪をしてこそ救われるという極論にまで至ってしまうのじゃないかというのが私の『歎異抄』批判の要点なのです。

これをもう少し説明するため資料の7ページに関連する英語の論文(Stephanie M. H. Camp, Black Is Beautiful:An American History, *The Journal of Southern History*, 81(3), 2015, pp. 675–690)を訳して抜粋しておきましたが、今はその最初の三行だけ読んでおきます。

ヨーロッパ人やアメリカの白人は必ずしも、常に一貫してアフリカ人や黒人が醜いと思っていた訳ではない。アメリカの白人は、十八世紀後期から十九世紀初頭になってはじめて、そのような結論に達するようになった。この期間に、アメリカにおいて黒いことは、奴隷であることと同義になったのである。

ここで言いたいことは黒人が醜いから差別されたのではないということです。黒人が醜いから奴隷にされたのでなく、順序は逆で、黒人が奴隷にされたから醜いとされちゃったという因果関係を言っているわけです。

それで、「ブラック　イズ　ビューティフル」という主張がどうして出てきたかというと、「醜い」の原語は「アグリー」(ugly)ですが、不当にもブラックがアグリーとされてしまった歴史があったわけです。が、それに対してアメリカでだんだん抗議の声があがるようになり、キング牧師が「アイ　ハブ　アドリーム」(I have a dream)と訴える映像などでよく見るような公民権運動の中で、「むしろブラックの方がビューティフルだぞ!」と言って差別を跳ね返そうとしたのです。だから、これは肯定されるべき価値転換なのです。

もう一つ関係するものとして、部落解放運動の最初の宣言である1922年の「水平社宣言」を資料の8ページに挙げておきました。そこに「吾々がエタである事を誇り得る時が来たのだ」とあります。これは、被差別者が差別されたが故に「人の世の冷たさが何んなに冷たいか、人間を勦《いたわ》る事が何んであるか」を吾々は知ることができた、差別を受けたが故に「吾々は心から人生の熱と光を願求礼賛する」ようになった、だから吾々はむしろ被差別者であることを誇れるのだという宣言ですね。

「エタ」というのは差別用語ですが、今私は差別の意図で使っているのではなく、むしろ差別を否認する意味で使用していますので、こういう場合には「　」で括った方がよいのですが、「エタ」と呼ばれて差別された人たちはまったく不当なことに「悪人」にされてしまったのですから、この「エタであることを誇り得る時が来た」と言っていることは、さらに言葉を継ぎ足せば「エタは悪ではなくむしろ善だ」と言っていることになるのではないでしょうか。

以上のように、ブラックが不当にアグリー（醜い）とされたのに対して、「そんなことはないよ、むしろビューティフルだよ」って言ったのが「ブラック　イズ　ビューティフル」なのですから、部落解放運動・反差別人権運動では、「エタ」は不当にも「悪人」とされてしまった、だからこれを跳ね返して、「エタはむしろ善人だ」と言ったと考える方がよいのでしょうね。ところが『歎異抄』は述語の方の価値基準そのものを無化して、「実は悪の方が善だよ」とか「善も悪もないよ」とかとしてしまっているのです。これは道徳の破壊です。「美醜」や「善悪」という倫理道徳の価値基準についての概念上の区別はなくしちゃいけないのです。善と悪の区別はなくしちゃいけない。善と悪までひっくり返してしまうと、我々の社会は多分存立しません。

要するに、『歎異抄』が言っていることは「善も悪もないよ」ってことだから、おかしいのです。これが「悪人正機」、特に「悪人正因」のおかしさです。道徳哲学とは究極的には「善とは何か」「悪とは何か」に答えていくことですよ。それを考えることを止めたら、人間は人間じゃなくなります。そんな過ちをしてしまっているのが『歎異抄』じゃないかと私は思うのです。だから「悪人正因説」はもの凄く危険なものだということが、まず三条で私が言いたいことなのです。（休憩）

二、本願ぼこり（造悪無碍・第十三条）の問題

（1）宿業の問題

①運命としての戦争

――「さるべき業縁のもよほさば、いかなるふるまいもすべし」

次に十三条にいきます。十三条は長いですけど一応読んでおきましょう。

弥陀の本願不思議におはしませばとて、悪をおそれざるは、また本願ぼこりとて、往生かなふべからずといふこと。この条、本願を疑ふ、善悪の宿業をこころえざるなり。よきこころのおこるも、宿善のもよほすゆゑなり。悪事のおもはれせらるるも、悪業のはからふゆゑなり。故聖人（親鸞）の仰せには、「羽毛・羊毛の先にゐるちりばかりもつくる罪の、宿業にあらずといふことなしとしるべし」と候ひき。またあるとき、「唯円房はわがいふことをば信ずるか」と、仰せの候ひしあひだ、「さん候ふ」と、申し候ひしかば、「さらば、いはんことたがふまじきか」と、かさねて仰せの候ひしあひだ、つつしんで領状申して候ひしかば、「たとへば人千人ころしてんや、しからば往生は一定すべし」と、仰せ候ひしとき、「仰せにては候へども、一人もこの身の器量にては、ころしつべしと

もおぼえず候ふ」と、申して候ひしかば、「さてはいかに親鸞がいふことをたがふまじきとはいふぞ」と。「これにてしるべし。なにごともこころにまかせたることならば、往生のために千人ころせといはんに、すなはちころすべし。しかれども、一人にてもかなひぬべき業縁なきによりて、害せざるなり。わがこころのよくてころさぬにはあらず。また害せじとおもふとも、百人・千人をころすこともあるべし」と、仰せの候ひしかば、われらがこころのよきをばよしとおもひ、悪しきことをば悪しとおもひて、願の不思議にてたすけたまふといふことをしらざることを、仰せの候ひしなり。そのかみ邪見におちたるひとあつて、悪をつくりたるものをたすけんといふ願にてましませばとて、わざとこのみて悪をつくりて、往生の業とすべきよしをいひて、やうやうにあしざまなることのきこえ候ひしとき、御消息に、「薬あればとて、毒をこのむべからず」と、あそばされて候ふは、かの邪執をやめんがためなり。まつたく、悪は往生のさはりたるべしとにはあらず。「持戒持律にてのみ本願を信ずべくは、われらいかでか生死をはなるべきや」と。かかるあさましき身も、本願にあひたてまつりてこそ、げにほこられ候へ。さればとて、身にそなへざらん悪業は、よもつくられ候はじものを。また、「海・河に網をひき、釣りをして、世をわたるものも、野山にししをかり、鳥をとりて、いのちをつぐともがらも、商ひをし、田畠をつくりて過ぐるひとも、ただおなじことなり」と。「さるべき業縁のもよほさば、いかなるふるまいもすべし」とこそ、聖人（親鸞）は仰せ候ひしに、当時は後世者ぶりして、よからんものばかり念仏申すべきやうに、あるひは道場にはりぶみをして、なんなんのことしたらんものをば、道場へ入るべからずなんどといふこと、ひとへに賢善精進の相を外にしめして、内には虚仮をいだけるものか。願にほこりてつくらん罪も、宿業のもよほすゆゑなり。されば善きことも悪しきことも業報にさしまかせて、ひとへに本願を頼みまゐらすればこそ、他力にては候へ。『唯信抄』にも、「弥陀いかばかりのちからましますとしりてか、罪業の身なればすくはれがたしとおもふべき」と候ぞかし。本願にほこるこころのあらんにつけてこそ、他力をたのむ信心も決定しぬべきことにて候へ。おほよそ悪業煩悩を断じ尽してのち、本願を信ぜんのみぞ、願にほこるおもひもなくてよかるべきに、煩悩を断じなば、すなはち仏に成り、仏のためには、五劫思惟の願、その詮なくやましまさん。本願ぼこりといましめらるるひとびとも、煩悩・不浄具足せられてこそ候うげなれ。それは願にほこらるるにあらずや。いかなる悪を本願ぼこりといふ、いかなる悪かほこらぬにて候ふべきぞや。かへりて、こころをさなきことか。（本願寺派『浄土真宗聖典』８４２‐８４５ページ、大谷派『真宗聖典』６３３‐６３５ページ）

一つずつ進めていきます。ここでの中心テーマの一つは「宿業」という問題です。まあ簡単に言うと運命論です。例えば「人を千人殺してみろ、殺したら往生できるぞ」と言われたって、「そんなことできるもんじゃございません」という唯円の答えに対して、「別にあんたが善くて殺さないわけじゃなくて、あんたに業縁がととのってないだけですよ、あんたが殺そうと思わなくても殺しちゃうこともあるし、殺そうと思ったって殺せないこともあるよ」と親鸞は言っています。一言で言ってしまえばここに書かれてあることは、全部が宿業で決っているという一種の運命論なのです。単純化して言えば、果たしてこの運命論が仏教思想なの、本当に親鸞の思想なの、というのが十三条の一番の問題点です。そこでそうした問題に一つ一つ入っていきたいと思います。

まず十三条は例えば次のような文脈で使われています。

「わがこころのよくてころさぬにはあらず。」――『俘虜記』は、戦後文学の傑作であるが、その作品のはじめに大岡昇平は『歎異抄』の言葉をあげた。つまり、戦後文学はこの『歎異抄』から出発したといっていえなくない。……善悪とは人間の意思によって生まれたのではなく、人にはどうにもならない宿業から来るものであるから、如来の悲願に帰すしかない。戦場に送られて敗走し、敵兵を銃口の先にとらえたことも、宿業である。これを撃つか撃たないかで氏の運命は大きく変わるのであるが、それは氏の意思が決めるのではなく、宿業が決定するのだ。人間はそれほど頼りない存在なのだと言う認識が、根底にある。（立松和平『歎異抄』に想う――『俘虜記』の前文より――」『大

法輪』75巻2号、2008年）

立松和平は大岡昇平の『俘虜記』についてこう言っているわけですが、『俘虜記』自体は読むともうちょっと複雑な議論をしていますから、こんな単純に要約できるものではありません。が、詳しいことは割愛するとして、ともかく大岡昇平は戦争でフィリピンに行って、たまたま米兵に遭遇した時、撃とうとすれば撃てたのに撃たなかった。その時のことを様々に思い巡らしたことを後になって『俘虜記』に書きつけています。なぜ撃たなかったのか、と。自分は別に人類愛で撃たなかったわけじゃないとか、様々なことを書いているその冒頭の所に、『歎異抄』十三条の「わがこころのよくてころさぬにはあらず」という言葉が記してあるのです。でも、これとは逆の場合にも『歎異抄』十三条は使えますね。撃って殺しちゃった場合には、「さるべき業縁のもよほさば、いかなるふるまいもすべし」という言葉で正当化できるじゃないですか。私の思いで撃ったんじゃない、手が勝手に動いたんだ、宿業で決まっていたんだ、という形でね。それで思うのですけど、『歎異抄』の少なくとも戦後における使われ方の一つにこういうことがあったんじゃないかと私は思っています。『歎異抄』って書物は、戦争に行っていろいろなことがあった、してきちゃったことから、何かこう解放される一助になったのかもしれない、或いは少なくともそういう罪悪感を緩和するように使われてきたかもしれないと思うのです。

三十年ほど前、私の「前前前世」において、ここ正雲寺で何度も靖国問題について話したことがありまして、檀家さんから物凄い反発を招いたことがありました。「お前は過激派か」と、よくそういう話になりましたが、今時はもうそうはなりません。もう実体験がない人が多くなったからだと思います。三十年以上前にここで私が話している時は目の前にいる人がやっぱり実体験があったと思うんです。最近になって初めて好きなように話ができるようになったのじゃないかと思いますが、そんなことで「宿業」という言葉或いは考えが、一つには「責任逃れ」に使われる側面があることが問題だということをお話し致しました。

②非仏教性

ところで、「宿業」という言葉は、親鸞自身は使っておりませんね。これは『歎異抄』に出てくるだけです。また、仏教本来の考え方からいっても、これは仏教思想じゃないと言われています。

一例として、これは大谷派の人ですけれど、仏教学者として『倶舎論』の権威と言われている桜部建さんが、大谷派関係の勉強会の講義で、「宿業」は仏教思想ではないと仰っています（桜部建『業・宿業の思想』平楽寺書店、２００３年、37－39ページ、71－87ページ）。それによれば、仏教の「業」には二つの原則があって、一つは「善因楽果・悪因苦果」で、もう一つは「自業自得」です。が、まず「善因楽果、悪因苦果」とは、善いことやったら楽という果を得るし、悪いことは苦に帰結するということで、これは過去の業（因）が規定するのは現在の苦・楽（果）であって現在の業ではない、つまり現在の行いがすべて過去の行いによって決定される運命論ではないということを意味します。従って、『歎異抄』がいっていることは現在やっている行為（つくるつみ）を過去の行為（宿業）の結果として考えているように聞こえるから、そこはふつうの業の考え方とは違っている」というわけです。

そしてもう一つが「自業自得」ですが、この原則から言えば、「親の因果が子に報い」、すなわち親がやったことの報いが私に来る、などということは言えません。業論が運命論ではないことを示す意味で、それは現在を規定している過去の業（行い）だけを問題にするものではなく、未来を規定する現在の業をも問題にするものであるとも言われていますが、「自業自得」とは現在自分がやっていることが未来に何をもたらすかを熟考させるものだと言えるのではないでしょうか。

以上のように、『歎異抄』の「宿業」は仏教思想じゃありませんってことを桜部さんは仰っているわけです。

③差別性

――実際、運命論的な宿業論は、種々の差別の正当化に使われてきた。

さて次は差別性です。

実際、運命論的な宿業論は、様々な差別の正当化に使われてきました。「前世の宿業によって被差別部落に生まれた」というような説教は、現実にかつて浄土真宗の説教師がしていたと言いますし、ハンセン病は「業病」だと言われたわけですね。まさしく差別を正当化する論理として使われたのです。そういうことを一つ思い浮かべるだけでも、「宿業」なんて言葉は安易に使えるものではないのです。

④論理自体の説得力――

千人どころか一人も殺せない理由として、果して「宿業」は説得力があるか？　人を殺せないのは、「殺人は悪である」という規範が共有されているからではないか？「害せじとおもふとも、百人・千人をころすこともあるべし」というのは、本当にそう言えるか？（一人ならいざ知らず、百人・千人も殺すことは、加害の意識がなければ、到底無理なのではないか？）

それから最後に言いたいのは、論理自体の説得力です。例えば「人千人ころしてんや」というところからの親鸞と唯円のやり取りについてですが、私は以前からこれを見ながら説得力がないじゃないかと思っています。千人どころか一人も殺せないことの理由として、果たして「宿業」は説得力があるのか、人を殺せないのは殺人が悪であるという規範が共有されているからじゃないかと私は思うのです。私は法学研究も長いことやってきたのですけど、有名な法格言で「社会あるところに法あり」(ubi societas, ibi ius) という法諺《ほうげん》があります。人間の社会がある所には必ず法律やルールがあるのです。普遍的なルールとして、社会のあるところ、国が成立したところにはほぼ全てに殺人罪があります。ということは、人間には人を殺しちゃいけないという道徳規範が普遍的に共有されているということです。よく人間の行動は遺伝子的に全部プログラムされているなんてことを言う人もあるけれど、たぶん人間という生き物は、他の動物よりも環境とか後天的な要素に影響される度合が強いと思うのです。かつてインドで発見された「アマラとカマラ」という二人の少女が狼に育てられて狼のようになってしまったという話がありましたが、オタマジャクシが人間に育てられたら人間になったってことはないわけですよ。ところが人間は育てられるものになってしまうような、とても社会性の強い存在だから、やっぱり人を殺しちゃいけないっていう道徳規範や法規範を我々は物心つく頃から色んな所で教え込まれて、社会化されるわけです。そういう規範がインプットされ、共有されている社会だから、人は普通は殺し合わないのだと思いますね。もしそういう社会でなく、「造悪無碍」が当然のようなところで生まれ育ったら、殺すのも当たり前だってことになりますよ。今だって、国の違いによって、例えば紛争地域なんかで生まれ育ったら、やっぱり我々とは違う考え方をするかもしれませんね。結局、社会化の過程が問題なのだと私は思っています。

十三条には「害せじとおもふとも、百人・千人をころすこともあるべし」なんて書いてあるけれど、本当にそんなこと言えますか。一人だったら間違って過失かなんかで殺してしまうこともあるかもしれませんが、百人・千人も殺すのはかなりの意識がないとできないと私は思います。私は今「生命倫理」の勉強も片方でやっているので、例えば医療行為で考えてみると、ある医師が間違って手術に失敗して患者が死んじゃったというような場合には、これは誤って殺した(過失致死)と言えるかもしれません。でも、ある医師が短期間に百人死なせたとなれば、これは意図的な殺人だと考えるのが妥当でしょう。間違って百人殺しますか。そんな医師はたぶん途中でやめさせられますけどね。が、とにかく一人も百人・千人も一緒だという議論は土台無理で、あまりにも乱暴なのです。道徳や法について少し真面目に考えた人だったら、こんな論理に説得力はないと思うのではないでしょうか。

さらに補足しておきますと、十三条の「人千人ころしてんや」という話は仏典の中のアングリマーラの話を念頭に置いたものだと言われています。アングリマーラについては資料の8ページに『ウィキペディア』(Wikipedia)の該当する部分を写しておきました。今はその一部だけを読みます。

(アングリマーラの本名はアヒンサと言い、十二才から、あるバラモンに師事してヴェーダを学んでいたが）ある日、師匠が王の招きにより留守だったが、師の妻がアヒンサに邪に恋慕し誘惑した。しかしアヒンサはこれに応じず断ると、その妻は自らの衣を破り裂き、悲相を装い師の帰りを待って「アヒンサに乱暴された」と偽って訴えた。之を聞いた師は怒り、アヒンサに（一説には術をかけたともいわれるが）、剣を渡して「明日より、通りで出逢った人を順に殺して、その指を切り取り鬘（首飾り）を作り、百人（あるいは千人）の指が集まったとき、お前の修行は完成する」と命じた。彼は悩んだ末に、街に出て師の命令どおり人々を殺してその指を切り取っていった。これにより彼はアングリマーラ（指鬘）と呼ばれ恐れられた。なお、この頃の彼を指鬘外道《しまんげどう》と呼ぶことがある。

先の「人千人ころしてんや」というのはこの話を念頭に置いたものでしょう。ただこの話の原典である仏典の翻訳（注参照）にも目を通してみたのですけど、この話は運命論には役立てられないと思います。（注：『南伝大蔵経・経蔵・中部経典3』（第十一巻上）大蔵出版、1971年〔再刊〕131‐142ページ、片山一良訳『パーリ仏典　中部（マッジマニカーヤ）中分五十経篇Ⅱ』大蔵出版、2000年、17ページ、280‐293ページ、568‐574ページ、中村元監修『原始仏典　中部経典3』（第6巻）春秋社、2005年、203‐215ページ、574‐582ページ）何をもってこの話が、あの

『歎異抄』十三条の運命論に役立てられるのか、私にはその因果関係がよく分かりません。このアングリマーラの話というのは、自分のお師匠さんの妻が横恋慕してアングリマーラを誘惑したけど、それに乗らなかったので恨みを買って、逆に犯人にされちゃって、それでこのお師匠さんに「おめえ百人か千人殺してこい」と言われることになったというもので、それで自分の意思では断り切れないということで九十九人（或いは九百九十九人）まで殺しちゃったという話ですが、これを「運命論」に繋げるのはどうかと思うのです。というのは、この『アングリマーラ経』の話はそこに主眼があるのではなくて、こうやって百人の場合だと九十九人、千人の場合だと九百九十九人まで来たところで釈迦に出会って改心することが重要なのです。ただ改心して自分のやってきた罪を悔いて、そして出家して釈迦の弟子になったって、こんなに多くの人を殺害してしまった人ですから、皆がそれを覚えているわけですよ。だから、「あいつ出家して殊勝な顔しているけど、怪しからん奴だ」と、道で遇うと石を投げられたりするんです。そんな彼が釈迦に「耐えなさい」って言われるんです。何のために耐えるかっていうと、その罪を次の世まで持ち越さないためなのです。この現世でそれに耐えきればそれで終わるのだという話です。つまり「自業自得」ということですね。自分でやったことを自分で引き受けるって話、それを引き受け切ったからこの人は悟ったのだというのがこの話の主眼なのです。そういうストーリーを考えると、『歎異抄』十三条の、「人を殺すか殺さないかは宿業で決まっているんで、自分の意思とはほとんど何も関係ない」っていう話と繋がらないんじゃないかと思うのです。もし別の読み方があれば是非教えて頂きたいと思いますが…。

（2）「薬あればとて、毒をこのむべからず」（親鸞の残した課題？）

さて次にいきましょうか。

「薬あればとて毒を好むべからず」という御消息の言葉を挙げて、「親鸞の残した課題」としておきました。実は先の『歎異抄』十三条の中にもありましたが、親鸞は「本願ぼこり」（造悪無碍）を戒めています。「悪人こそ救われる」と教えたからといって、だからわざと悪をした方がいいんだみたいな、そういう異義を親鸞は常に戒めているんです、自分の手紙の中でね。配布資料3ページの注の14にそれを挙げておきましたので、読んでおきますね。

まづおのおの、むかしは弥陀のちかひをもしらず、阿弥陀仏をも申さずおはしまし候ひしが、釈迦・弥陀の御方便にもよほされて、いま弥陀のちかひをもききはじめておはします身にて候ふなり。もとは無明の酒に酔ひて、貪欲・瞋恚・愚痴の三毒をのみ好みめしあうて候ひつるに、仏のちかひをききはじめしより、無明の酔ひもやうやうすこしづつさめ、三毒をもすこしづつ好まずして、阿弥陀仏の薬をつねに好みめす身となりておはしましあうて候ふぞかし。しかるに、なほ酔ひもさめやらぬに、かさねて酔ひをすすめ、毒も消えやらぬに、なほ毒をすすめられ候ふらんこそ、あさましく候へ。煩悩具足の身なればとて、こころにまかせて、身にもすまじきことをもゆるし、口にもいふまじきことをもゆるし、こころにもおもふまじきことをもゆるして、いかにもこころのままにてあるべしと申しあふて候ふらんこそ、かへすがへす不便におぼえ候へ。酔ひもさめぬさきに、なほ酒をすすめ、毒も消えやらぬに、いよいよ毒をすすめんがごとし。薬あり毒を好めと候ふらんことは、あるべくも候はずとぞおぼえ候ふ。仏の御名をもきき念仏を申して、ひさしくなりておはしまさんひとびとは、この世のあしきことをいとふしるし、この身のあしきことをばいとひすてんとおぼしめすしるしも候ふべしとこそおぼえ候へ。（本願寺派『浄土真宗聖典』739‐740ページ、大谷派『真宗聖典』561ページ）

倫理道徳の問題に絞れば、親鸞の手紙はほぼこの問題で占められています。大体「本願ぼこり」とか「造悪無碍」とかは極論すれば悪人も救われるのだからわざと悪をやった方がいいのだというところまでいくわけです。親鸞はそれはおかしいよってことを、もう口を酸っぱくして言っています。『御消息集』の中心問題はそれだと言ってもいいほどなのです。

そうすると親鸞の思想は『歎異抄』とは全然違うと思いませんか。『歎異抄』では悪は「宿業」で決まっており、自分ではどうにもできないという話になっている。親鸞は晩年、関東との手紙のやり取りの中で「薬があるからといって、毒を好むな」と一貫して言っていますので、それを読めば『歎異抄』が親鸞と違うのは明らかだと思います。それにもかかわらず「悪人正機」「悪人正因」とか、「本願ぼこり」とかが親鸞の教えだとされてきたのは、私は不思議で仕方ありません。

が、それはそれとして、私は「専修賢善」に陥ることなく「造悪無碍」を克服することはいかにして可能か、というのが、善鸞事件などを経て親鸞が残し、浄土真宗教団に課せられた倫理道徳の課題だと言えるんじゃないかと思っています。以下、これを説明します。

浄土真宗における「異義」(異端)には二つの対極的な立場があり、まず一方には「専修賢善」(賢善精進)があります。これはどういうことかと言うと、「どんな悪人も念仏だけで救われる」などと言ってきたが、そんなことを言ってきたから道を間違う者が出てくるんだ、やっぱり念仏プラスアルファが必要で、念仏以外に道徳を守っていかなきゃ駄目じゃないかというような立場です。そしてその対極にあって、「悪人こそ救われると言ってきたんだから、むしろ悪をやった方がいいんじゃないか」と極論するのが「造悪無碍」の立場です。そして晩年、悪は何でもやって構わないんだ、むしろやった方が救われるんだという「造悪無碍」の主張が目に余るようになったから、親鸞はそれを治めるために息子の善鸞を派遣したのだと私は思います。

ところが、善鸞は親鸞と違うことを言ったから、善鸞の方が義絶されることになったわけです。その時の善鸞の立場についてはいろんな説があるんですけれど、通説的には「造悪無碍」を治めるために「専修賢善」に立っていたとされています。私もそう思いますが、その根拠は、善鸞は十八願を「しぼめるはな」と言ったということが、親鸞から善鸞に宛てた次のような手紙に書いてあることです。

往生極楽の大事をいひまどはして、常陸・下野の念仏者をまどはし、親にそらごとをいひつけたること、こころうきことなり。第十八願の本願をば、しぼめるはなにたとえて、人ごとにみなすてまいらせたりときこゆること、まことに謗法のとが、また五逆の罪を好みて、人を損じまどわさるること、かなしきことなり。ことに、破僧の罪と申す罪は、五逆のその一なり。（本願寺派『浄土真宗聖典』７５５ページ、大谷派『真宗聖典』６１２ページ）

この「第十八願の本願をば、しぼめるはなにたとえ」たという意味は、「人は念仏だけでは救われないと言った」という意味だと思うんですね。つまり、善鸞は「専修賢善」に立ち、しかも守護・地頭のような在地の権力者（「余のひとびと」本願寺派『浄土真宗聖典』７７２‐７７３ページ、大谷派『真宗聖典』

576-577ページ）とつるんで「造悪無碍」を治めようとしたのですが、それは親鸞から見ればやっぱり禁じ手だったってことです。だから、親鸞は善鸞を義絶せざるを得なかったのだと私は思います。

例えば大学紛争華やかなりし頃、凄いぶち壊しなどが起こったりしたじゃないですか。しかしそれをどうやって止めたらいいかという時に安易に警察権力を導入してよかったんですか。安田講堂ではそうしたんだけど、警察権力を導入することは大学の自治を潰すことになるじゃないですか。自治的に治めていくべきにもかかわらず権力を引っ張り出すことはまずいんじゃないかと、そういうことにちょっと似ていると思うのです。つまり、「造悪無碍」が目に余るからといって権力に頼って治めようとしたり、念仏だけじゃダメだよと言ったりするのは、親鸞から言えば禁じ手なのだから善鸞を義絶したんだと思うのです。

ただ「専修賢善」の問題は論理的には簡単です。念仏以外のものの方がよいと言ったら、それはもう専修念仏の教えと違うのはすぐに分かるから、論理的には分かりやすいです。しかし、「造悪無碍」の問題はもっと難しいです。だからこそ、親鸞が心を砕いたのはこれをどう治めるかだったのです。「専修賢善」に訴えて念仏以外のものを持ってくることなく「造悪無碍」を治めるには、念仏の法自体にある種の倫理道徳が内在化していないといけなくなるということがあると思うんですが、果たしてそれが上手いこと内在化されているかどうかが非常に大きな問題だと私は思っています。

この問題を考える場合、或いは、「唯除五逆誹謗正法」という十八願の但し書き（抑止文）は念仏の中に道徳が含まれていることを示すものかもしれませんね。そうするとまた、浄土教の信仰が「我が身は現にこれ罪悪生死の凡夫…」という「機の深信」として示されることは、別に念仏以外の諸行に頼らなくても、本願念仏の門をくぐること自体が罪悪を「罪悪」として知ることであるという意味を持っていると言えるようにも思いますね。

が、そうだとするならば、そのような信心を得て救われた者は、救われた後どうなるのでしょうか。「悪人正機」（悪人が一次的救済対象である）と言う場合、救済された後の「人」は、「悪人正因」（悪人になることによって救われる）同様、相変わらず「悪人」のままであってもよいということになるのでしょうか。親鸞の場合、「悪人が救われる」ということの意味が、仮に罪悪が許容されるということだとしても、それはあくまで念仏入門以前に「罪悪」と知らずになしてしまったことならば許容される、という意味だとするならば、たとえ救われる前の時点では「悪人」であっても、救済後はもう悪人ではなくなるということになるのではないでしょうか。「仏の御名をもきき念仏を申して、ひさしくなりておはしまさんひとびとは、この世のあしきことをいとふしるし、この身のあしきことをばいとひすてんとおぼしめすしるしも候ふべしとこそおぼえ候へ」、と親鸞が手紙で言っていることは、「悪人のままではいけない」と言っているように思われるのですが、どうでしょうか。そして、もし「悪人正機説」の趣旨が救済後も相変わらず「悪人」のままでよいということであるならば、親鸞はもはや「悪人正機説」を「強調した」人でさえなくなるのではないでしょうか。

ともかくこうした消息が書かれた時点においては、親鸞にはこの課題は完全には解決されていなかったのではないでしょうか。そこで、その解決は後世に託されたと考えられるのではないでしょうか。例えば蓮如の『御文』に何度も繰り返される掟などはやっぱりそれを課題として担ったものだと思われますし、現代に至ってもこれをどう考えるのかは我々自身の課題として残っているのだと思うのです。

(3)唯円が「本願ぼこり」(「造悪無碍」)を擁護することに理由があるとすれば、それは何か?

次に一旦唯円の立場に立って考えてみましょう。唯円が「本願ぼこり」(造悪無碍)を擁護することに理由があるとすれば、それはどういう理由なのかということです。

『歎異抄』は親鸞が亡くなってから三十年ぐらいして書かれたと言われていますが、善鸞事件(1256年)の頃とは違って、既に「造悪無碍」はほとんど問題ではなくなっており、むしろ抑圧的なほどに「専修賢善」が押し付けられるような状況にあったとすれば、十三条のように「造悪無碍」に対して甘すぎると思えるような立場取りをすることもありうるかもしれません。

何を言っているのかというと、例えば私たちがある村に住んだといたしましょう。とても品行方正な村です。誰にも悪は見当たりません。悪いことを思うことさえしません。会う人は皆よい人ばっかり。……これはちょっと窮屈だと思いませんか。そういう社会だと、敢えてちょっと悪さをしてみたくなりませんか。もうとことん管理されていて、もう皆機械のようです。悪いことなど一切しません、犯罪は全くありません。本当にもうみんないい人ばっかり。………騒ぎたくなりませんか。そこまで「造悪無碍」（本願ぼこり）が駆逐されちゃうと、現代の憲法的な表現を借りれば「表現の自由」さえなくなっちゃう。それだとやっぱり窮屈だからちょっと暴れてみたくもなる。もし十三条を擁護するならば、そんなところかなと思います。

しかし、事実はやっぱりそうじゃなかっただろうと思います。そしてそう思わせるのが資料の4ページの注21に挙げた「制禁」です。『歎異抄』十三条には、「なんなんのことしたらんものをば、道場へ入るべからず」なんて、最近はそういう「はりぶみ」をしていたりするけれども、そんな張り紙はいらないんじゃないのと、そんなことするのは親鸞聖人の教えに反しているんじゃないかと言われています。そうした「はりぶみ」の代表的な例が次の「制禁」です。

制禁　一向専修の念仏者のなかに停止せしむべき条々のこと（1）一、専修別行のともがらにおきて、念仏菩薩ならびに別解別行の人を誹謗すべからざること。（2）一、別解別行の人に対して、諍論をいたすべからざること。（3）一、主・親におきたてまつりて、うやまひおろかになせること。（4）一、念仏まうしながら、神明をかろしめたてまつること。（5）一、道場の室内にまゐりて、嬌慢のこころをいたし、わらひ、ささやきごとをすること。（6）一、あやまて一向専修といひて邪義をときて、師匠の悪名をたつること。（7）一、師匠なればとて、是非をたださず弟子を勘当すべからざること。（8）一、同行・善知識をかろしむべからざること。（9）一、同行のなかにおきて、妄語をいたし、うたへまうすといふとも、両方の是非をききて、理非をひらくべきこと。（10）一、念仏の日、集会ありて魚鳥を食すること、もろくあるべからざること。（11）一、念仏勤行のとき、男女同座すべからず。みだりになるべきゆゑなり。（12）一、かたじけなきむねを存じて、馬の口入、人の口入すべからざること。（13）一、あきなひをせんに、虚妄をいたし、一文の銭なりともすごしてとるべからず。すなはちかへすべし。（14）一、他の妻をおかして、その誹謗をいたすこと。（15）一、念仏者のなかに、酒ありてのむとも、本性をうしなひて酒くるひをすること。（16）一、念仏者のなかに、ぬすみ、博奕をすること。（17）一、すぐれたるをそねみ、おとれるをかろしむること、もろくあるべからざること。右、このむねを停止せしめて、十七ヶ条の是非、制禁にまかせて専修一行の念仏者等あひたがひにいましめをいたして、信ぜらるべし。もしこのむねをそむかんともがらにおきては、同朋同行なりといふとも、衆中をまかりいだし、同座同列をすべからざるものなり。

仍制禁之状如件。弘安八年（1285年）八月十三日　善円在判」（佐藤正英『歎異抄論釈』青土社、2005年、577‐621ページ）

この「制禁」にはとてもよいことも書かれていると思います。例えば、「(7) 一、師匠なればとて、是非をただざず弟子を勘当すべからざること」などと師匠の権力を抑制していますよね。それから、「(9) 一、同行のなかにおきて、妄語をいたし、ぅたへまうすといふとも、両方の是非をききて、理非をひらくべきこと」、つまり「両方の言い分をよく聞いて公平に扱え」と、これも悪いことは言ってないと思います。「(11) 一、念仏勤行のとき、男女同座すべからず」などというのは時代的に限界のあるもので、今日のこの席などは当時であればアウトでしょうね。現代ではもうこんなことを言う意味もないことですし、「みだりになるべきゆゑなり」が何を指すかわかりませんが、当時は「みだりに」なったという事実はあったのでしょうね。また、「(12) 一、かたじけなきむねを存じて、馬の口入（＝売買の斡旋をすること)、人の口入すべからざること」ともありますが、念仏道場へ来て「馬の口入」やまして「人の口入」などされても困るよねってことだと思いますね。また、「(13) 一、あきなひをせんに、虚妄をいたし、一文の銭なりともすごしてとるべからず。すなはちかへすべし」というのもよいこと言ってるじゃないですか。詐欺みたいなことをやって人から銭を取っちゃいけないって言うのですから。「(14) 一、他の妻をおかして、その誹謗《ひぼう》をいたすこと」などは意味が分かりませんが、そんなこともあったってことでしょうね。また、「(15) 一、念仏者のなかに、酒ありてのむとも、本性をうしなひて酒くるひをすること。」やはり酒狂いはよくないですから、こんなことを「制禁」で言ったっていいんじゃないですかね。「(16) 一、念仏者のなかに、ぬすみ、博奕をすること」もよくないことですから、こういうことはいけないよって言っちゃいけないんですかね。最後に、「(17) 一、すぐれたるをそねみ、おとれるをかろしむること」などはしてはいけないと言っていることもよいことを言ってると思いますね。

さて、唯円はこういうものを貼るのは、「賢善精進の相をほかにしめして、うちには虚仮をいだけるもの」だと批判しているわけです。確かに中には、「男女同座すべからず」のようにもう時代遅れのものもあるけれども、全体としては結構よいことを言っていますね。また、こんな「制禁」があったってことは、やっぱり倫理道徳に反するようなことが行われ、顰蹙をかっていたということがあったのだろうと思うんです。だから「制禁」を貼り出したのはそんなに変なことじゃないと私は思っています。少し穿った見方かもしれませんが、博奕、他人の妻を犯すこと、馬や人の口入など、そういうことをしたい人が、自分の自由にできるように「制禁」など貼るなよ、と『歎異抄』は言っているのではないかとさえ読めるのではないでしょうか。そんなことから、私は『歎異抄』はあまりにも持て囃されてきましたが、実際の効果はむしろ、単なる道徳の破壊や「造悪無碍」の助長にしかならなかったという問題があるのではないかと思います。これが『歎異抄』のもっている倫理道徳的な問題点で、それが三条と十三条に集中的に現れていると思います。しかも、三条・十三条は『歎異抄』の中でも一番の売れ筋、一番人気のある箇所ですよね。ここがあるから『歎異抄』は素晴らしいと、よく言われるわけですが、私はそのようには評価していないと申し上げておきたいのです。特に三条と十三条はよくない箇所だと私は思っています。勿論『歎異抄』にも他によいところ、採るべきところは結構有るんです。が、それはまた機会があれば申し上げます。

（おわりに）・宗教と倫理道徳

最後に、『歎異抄』後序に「善悪のふたつ、総じてもつて存知せざるなり」（本願寺派『浄土真宗聖典』853ページ・大谷派『真宗聖典』640ページ）とありますが、宗教はこんな具合にすぐに倫理道徳の世界を超越してしまってよいんですか、という問いを出しておきたいと思います。そこで暁烏敏の関連する言葉を挙げてみます。

親鸞聖人の精神よりいえば…世の人が善いということも、そらごとたわごとである、悪いということともそらごとたわごと、善根もそらごとたわごと、悪業もそらごとたわごと、法律もそらごとたわごと、道徳もそらごとたわごと、国家もそらごとたわごと、家庭もそらごとたわごと、他人もそらごとたわごと、自分もそらごとたわごと、世のすべて、自己の全体、どこをさがして見てもそらごとならざるはなくたわごとならざるはなく、偽りならざるはなく、ひとつとして誠はない、ひとつとしてあてにすべきところはない。この間にあってただ一つあてになるものは如来のお慈悲である。…この真実の御力を信じ御光に照らされていったならば、ぬすむ者でも、殺す者でも、火つけする者でも、酒を呑む者でも、姦淫する者でも、徳者でも、仁者でも、悪人でも、愚人でも、ことごとく仏の真実にたよって大安心ができるということをていねいに教示したのがこの『歎異抄』である。

（暁烏敏『歎異抄講話』講談社、１９８１年、35ページ）

「ぬすむ者でも、殺す者でも、火つけする者でも」、みな救われちゃうんです。よいんですか、これで。「悪人正機」（悪人正因）と言われてきたものがこういうところに帰結するのであるならば、完璧に否定すべきだと私は思います。「善悪のふたつ、総じてもつて存知せざるなり」という形で善悪の観念を無化してしまうところに帰結するんだとすれば、やっぱりすごく問題なんじゃないでしょうか。これが『歎異抄』というテキストの持つ根本的な問題だと私は思うのです。

今日最初に（正雲寺の）住職が『歎異抄』よりもやっぱり『御文』の方が伝播（でんぱ）してるんじゃないか」と言われましたが、私も実はそう思っています。今日、こちらに来る前に少し時間がありましたので、私は冒頭申しましたような気分で「前前前世」の世界に少し浸ってみたいと思い久しぶりにこの下之一色の街を歩いてみて、ちょっと物悲しい感じがしました。むかし自分が生まれ育った頃の活気のあった街が、段々なくなってゆくのは本当に悲しいことです。そんな中でどうやって改めて仏教を広めていくのか、どうやって浄土真宗を復興するのかが我々の共通の課題だと思います。そう思う時、かつて漁師町として栄えたこの下之一色で想い起こすのは、『歎異抄』ではなくて『御文』なんです。特に「猟、すなどりの御文」を想い起こします。

まず、当流の安心のおもむきは、あながちに、わがこころのわろきをも、また、妄念妄執のこころのおこるをも、とどめよというにもあらず。ただあきないをもし、奉公をもせよ、猟、すなどりをもせよ、かかるあさましき罪業にのみ、朝夕まどいぬるわれらごときのいたずらものを、たすけんとちかいまします弥陀如来の本願にてましますぞとふかく信じて、一心にふたごころなく、弥陀一仏の悲願にすがりて、たすけましませとおもうこころの一念の信まことなれば、かならず如来の御

たすけにあずかるものなり。（本願寺派『浄土真宗聖典』１０８６‐１０８７ページ、大谷派『真宗聖典』７６２ページ）

これは、かつて漁師町だったこの下之一色で、我々が小さい頃から寝物語のようにして聞かされた御文です。私が物心ついた時はもう漁もできなくなっていましたが、それでもまだ現役の漁師だった人たちの雰囲気が強く漂う中、この下之一色でどうして浄土真宗が栄えたか、真宗の教えが伝播したかということの説明に、よくこの「猟、すなどりの御文」が使われていたことを記憶しています。生き物、つまり魚を獲って殺すのが自分たちの仕事だってことと、それから船に乗って海に出て行くと、「船底一枚、下は地獄」という危険の伴う中で生きてきた人たちが頼るべきは念仏の教えだった、ということを如実に表しているのが、この「漁、すなどりの御文」だったというわけです。

最後に同朋会運動の一つの問題を取り上げておくとすれば、この運動には『歎異抄』を持ち上げて『御文』を低く見るというところがありました。『歎異抄』は素晴らしいから聞けって形で、上から教えをインプットしようとしたきらいがあったんじゃないかと思います。しかし、浄土真宗は現実には『御文』に表現されたような、生活の中での教えとして伝承され栄えてきたという面があったのではないかと思います。そんなことを一つ問題提起して、大体の時間ですからこれで終わらせていただき、続きは次回にしたいと思います。ややこしい話を最後までお聞き頂きましてどうも有難うございました。

合掌

南無阿弥陀仏

批判的に読み解く『歎異抄』（第二回講義）

異義篇をどう読むか？

―『歎異抄』の著者（唯円）の立場―

（はじめに）

皆さん、やっとかめだなも。……今日はやっぱり名古屋に行くんだからご当地の言葉で挨拶しようと思い、ちょっと調べてみました。「やっとかめ」の語源って「八十日目」（八つの十日目）ということなのですね。「人の噂も七十五日」と言いますね。七十五日も経つともう忘れる頃になる。これをさらに五日過ぎるともう忘れた頃になるから、それで「久しぶりですね」という意味で「やっとかめ」という言葉が出来たということらしいですね。私は去年の十月にここでお話させて頂いてから三ヶ月ですから本当は九十日ぐらい経っていますので、「やっとかめ」じゃなくて「く（九）っとかめ」というべきかもしれませんね。（笑い）

もう少し名古屋話をしますと、最近テレビの旅番組や郷土料理番組で、よく「名古屋めし」というのが取り上げられていますね。すると名古屋で生まれ育った私の全然知らない食べ物が「名古屋めし」になっていたりする訳ですよ。ホブズボウムという人の『創られた伝統』（E．ホブズボウム・T．レンジャー編、前川啓治・梶原景昭他訳、紀伊国屋書店、1992 年＝*The Invention of Tradition*, Cambridge University Press, 1983）という本があるんですけど、伝統って創られるのだと思いますね。マスメディアやなんかを通じて、「昔からこれが流行っていた」とか「昔からこれは此処のもんだ」と伝えられると、みんな昔からあったとか、そうだったと思い込んでしまうことがありますね。私は「名古屋めし」と言われるものにそんなことを感じたりするのです。

さて、『歎異抄』の「人気」も本当に自然発生的なものであったのかどうか、最近私は疑っています。もしかしたら外から創られたのかもしれないと思ったりします。『歎異抄』は人気があると皆がそう言うからよいと思っている人は多いでしょう。でも、じゃあ本当に読んでいるかと言うと、全然読んでいない人が多いというのが私の印象です。

私は何年か前に立川市の「市民交流大学」ってとこで、5回連続の『歎異抄』の講義をしたことがあります。その時、三十人定員で募集したらその日のうちにもう定員全部満たしてしまいました。うちのお寺の総代さんも申し込んだけれども、もう三十人満たしているから駄目って一旦言われて、「いや私は光西寺の総代だから入れろ」ってねじ込んだら三十六人目だったので、ついにその講座には三十六人入れることになったということがありました。そのように『歎異抄』というと人気があるのですけれども、そこでも実際にはあまり読まれていないってことに気付きました。なんか聞きかじりの言葉が一つ二つ皆さんあるかもしれないけれども、本当にじっくり読んだことあるのかなってことを、何回かそういう講義をやってみて感じたことがありました。

浄土真宗の学者や僧侶の側にも、少しどぎつく言えば、人気のある『歎異抄』におもねた話が多いと思います。しかし、私は昔からあまりよいと思ってなかったので、まずちゃんと読んで本当に何が書いてあるのか、それをきちっと理解してみようということで『歎異抄』研究を始めたわけです。ですから、私は『歎異抄』を批判することの方が多いのですけど、一方で『歎異抄』にも評価すべき部分もあるとは思っています。ただ読みもしないで、あまりにも「よい、よい」と言われ過ぎていますから、どうしても私の話は批判的にならざるをえないということを最初にお断りしとこうかなと思います。それでは始めたいと思いますが、前回は三条と十三条の批判を述べました。今日は前回の話を承けて、それを『歎異抄』というテキスト全体の中で確認することになります。ですから前回の話を裏付けるような話になると思います。なお、『歎異抄』関連の本には、一つ一つの文のタイトルを「一条、二条……」と表記しているものと「一章、二章……」と表記するものがありますが、私は「条」の方が一般的だと思っておりますし、また、一つ一つの文は「章」と言うには短すぎるものが多いとも思いますので、私の話ではすべて「条」に統一したいと思います。ただ、他人の著書を引用する場合に「一章、二章……」などと出てくることはありますが、それらはみな「一条、二条……」と同義だということをお断りしておきたいと思います。

一、『歎異抄』の構成

1、全体の構成

まず『歎異抄』全体の構成を通説（『歎異抄（文庫判）現代語訳付き』本願寺出版社、２００２年、１５０ページ）に従って確認しておくと、『歎異抄』という題号（名）の後、最初にこの部分だけ漢文で書かれた「前序」、次に親鸞聖人の語録である「師訓篇」が一条～十条まで続いています（本願寺派『浄土真宗聖典』８３１-８３７ページ・大谷派『真宗聖典』６２６-６３０ページ）。この十条は「「念仏には無義をもって義とす。不可称不可説不可思議のゆえに」とおおせそうらいき」となっており、前回確認した三条同様、「おおせそうらいき」で終わっていて「と云々」が省かれていると見ることができますので、これは法然上人が仰せになったという意味だと受け取ることができます。

そしてその後、「そもそもかの御在生のむかし…」から十一条の前までのところに「中序」或いは「別序」と呼ばれるくだりがあって、そしてそこに「上人（親鸞）のおおせにあらざる異義どもを、近来はおおくおおせられおうてそうろうよし、つたえうけたまわる。いわれなき条々の子細のこと」とありますが、この「中序」に続き十一条以下にそうした「異義」「いわれなき条々」に対する批判が述べられておりますので、十一条～十八条までを「異義篇」と言うわけです（本願寺派『浄土真宗聖典―註釈版第二版―』837‐851ページ・大谷派『真宗聖典』630‐639ページ）。さらにその後、「後序」（いわば「あとがき」）があって、最後に「承元の法難の顛末」（流罪の記録）が付されています（本願寺派『浄土真宗聖典―註釈版　第二版―』851‐856ページ・大谷派『真宗聖典』639‐642ページ）。この「流罪の記録」については載せていない写本もありますが、全体の構成については大体こういう見方が一般的だと言えます。

『歎異抄』全体の構成に関する通説以外の他の見方については、後ほど時間があれば若干触れるかもしれませんが、今日は詳しく立ち入ることはできません。そこで、配布資料の4‐5ページに、通説のほか佐藤正英説[1]、近角常観説[2]、西田真因説[3]を紹介しておきました。関心のある方は目を通しておいて下さい。

2、「師訓篇」及び「異義篇」の構成と両者の関係

次に「師訓篇」と言われる最初の一条から十条までは、どういう並びになっているのか、どういう仕組みでできているのかってことについて、関連する四人の学者、すなわち、香月院深励[4]、妙音院了祥、藤秀璻[5]、早島鏡正[6]の見方を配布資料の5‐6ページに記しておきましたので参考にして下さい。

また、「異義篇」についても、どういう順序で並んでいて、どう分類されるかということについて、四

人の学者、すなわち妙音院了祥、藤秀璻[7]、梅原真隆[8]、早島鏡正[9]の説を配布資料の６-７ページに並べ、関連する書物を配付資料の注に載せておきましたので、随時参照して下さい。

さてここで、構成の問題についてまとまりを付ける意味で、以上のように十八か条と三つの序から出来ている『歎異抄』の一条一条がどういうふうに並んでいるのかということについて、江戸時代後期の大谷派の学者・妙音院了祥（１７８８-１８４２年、岡崎出身）の説を図式化して示しておきたいと思います（１２６ページの資料【師訓篇と異義篇の関係図式】及び妙音院了祥『歎異抄聞記』１８４２年『続真宗大系』21巻、１９４０年、22ページ、１０１-１０２ページ、１３４ページ-１３５ページ、２４６ページ等参照）。実を言いますと、『歎異抄』は唯円が書いたという説を出したのはこの了祥です。この人の師匠で有名な香月院深励（１７４９-１８１７年）は『歎異抄』を書いたのは如信だと言っていましたので（香月院深励「歎異抄講林記上」１８１７年『真宗大系』23巻、１９３０年、３８３-３８４ページ）、それまでは如信説が有力だったのではないかと思われます。でも、了祥が初めて著者は唯円だということを証明しようとしたのですね。しかも彼は『歎異抄』十八か条をどういうふうに見たらよいのかってことを非常に分かり易く示しました。そして近現代の多くの学者がこの人の説を下敷きにしていますから、大概の説は基本的にその焼き直しだと言ってもよいですね。ですから、この人の著述を読まないと『歎異抄』の基本的なことは分からないのです。そこで、私はこの了祥説に従って１２６

ページの資料【師訓篇と異義篇の関係図式】という表を作ったわけです。

それで「師訓篇」がどう並んでいるかと言うと、了祥はまず一条~三条を「安心訓」と呼んでおります。つまり信心について述べたものだということですね。それから四条~十条を「起行訓」と呼んでおります。言ってみれば信心に対してこれは実践ということでしょう。そしてさらに細分化すれば、四条~六条は「利他」について、七条~九条は「自利」について述べているとし、最後の十条を「自利利他円満」として、これが総括的な文章になっているという見方を了祥は提唱しているわけです。今日は「師訓篇」についてはこの程度にしておきますね。

それから「異義篇」について了祥は図に示したように「誓名別信計《せいみょうべっしんけい》」と「専修賢善計《せんじゅけんぜんけい》」の二つに大別し、十一条（誓名別信章）・十二条（学解念仏章）・十五条（即身成仏章）・十七条（辺地堕獄章）を前者に、十三条（禁誇本願章）・十四条（一念滅罪章）・十六条（自然回心章）・十八条（施量分報章）を後者に配当しているわけです。今日はこれからこの「異義篇」について詳しく見て行くことにします[10]。

二、「異義篇」の批判的読解

1．なぜ「異義篇」を中心に読むのか？

さて、今日の主たる問題は「異義篇」をどう読むかですが、それに入る前になぜ「異義篇」を中心に読むのかということをちょっと申し上げておきます。

『歎異抄』という書物において「師訓篇」と「異義篇」とどっちが中心だと思うかと問われればそれは当然「異義篇」です。唯円って人の考え方は「異義篇」に込められているからです。では「師訓篇」は何のためにあるかと言うと、親鸞聖人が仰ったことの証文・基準として挙げてあるわけで、それに照らし合わせてみると、最近こういうことが言われているけどおかしくないか、という形で「異義篇」が展開されているわけです。だから論文に喩えたら本論はあくまで「異義篇」なんです。

ところが私が面白いと思うのは、「異義篇」には十三条を除くと心に残る言葉が殆ど無いことです。例えば、誓願と名号は一体のものか別々のものか、なんていう十一条の議論などは坊さんや学者同士でやるような、とてもマニアックな議論ではないでしょうか。もし『歎異抄』に「師訓篇」がなくて「異義篇」だけだったら、絶対人気は出なかったと私は思います。有名な言葉は殆ど「師訓篇」の方にありますよね。まず「悪人正機」（三条）がそうでしょ。それから二条なんてよく引かれますよね。「たとい、法然上人にすかされまいらせて、念仏して地獄におちたりとも、さらに後悔すべからずそうろう」などはとても有名な言葉ですね。「慈悲に聖道・浄土のかわりめあり」（四条）とか、「親鸞は父母の孝養のためとて、一返にても念仏もうしたること、いまだそうらわず」（五条）とか、「親鸞は弟子一人ももたずそうろう」（六条）とかといった言葉もみな「師訓篇」にあります。また、「念仏もうしそうらえども、踊躍歓喜のこころおろそかにそうろう」（九条）といったテーマも「師訓篇」にあります。このようによく引かれる言葉の多くは「師訓篇」にあるわけですが、しかしこの書物の本論はあくまで「異義篇」なのですから、それを見ないと書いた人の立場・考え方は分からないのです。そうでないと『歎異抄』という本を読んだことにならないのです。ただ『歎異抄』に関する書物は非常に多いですけど、「異義篇」についてちゃんとした解説をしているものは少ないですね。例えば、「師訓篇」だけ取り上げて「異義篇」の解説なんか全然していない本もあります。それはおかしなことなのですよ。ですから、とにかく「異義篇」をどう読むかということをちゃんと言っていない書物はあまり信用しちゃダメですっていうことを、私は言いたいわけです。

2.「異義篇」の一般的な見方

そこで次に、先ほど触れておいた妙音院了祥の「誓名別信計」と「専修賢善計」に分ける分類がやはり「異義篇」を読むにあたっての出発点になりますので、まずはそれ（126ページの資料【師訓篇と異義篇の関係図式】）を再度確認した上で、この分類が意図するところをさらに詳しく見て参りたいと思います。

この分類の「誓名別信計」の「計」とは「自力の計らい」ってことです。そして、「誓」とは「誓願」、すなわち阿弥陀仏の本願のこと、「名」とは南無阿弥陀仏という六字の「名号」のことです。この「誓願」と「名号」の二つは一体のものなのか別々のものなのかという議論をし、本来他力の本願念仏の教えでは一体のものと捉えなきゃいけないのだけれども、それを別々に捉えてしまう、そういう根本的な誤りから生まれてくるような異義を「誓名別信計」というふうに呼んでいるわけです。これは、文字通りそういうことを言っている十一条（誓名別信章）で代表して、この十一条に十二条（学解念仏章）・十五条（即身成仏章）・十七条（辺地堕獄章）を加えた四か条をワンパッケージとして「誓名別信計」と呼んでいるということです。

それから十三条（禁誇本願章）・十四条（一念滅罪章）・十六条（自然回心章）・十八条（施量分報章）の四つが「専修賢善計」に分類されていますが、これは念仏以外の善を修めなきゃダメじゃないかとか、自力の修行をしなきゃいけないじゃないかとか、念仏だけじゃ救われないから様々な努力をして善を積まなきゃいけないとかというような計らいから生まれてくる異義について批判したのがこれら四か条だということです。前回取り上げた十三条には「まったく、悪は往生のさわりたるべしとにはあらず」とありました。要するに、善悪は「宿業」で決まっているので、善をなせなどと言ってもそれはいわば上辺だけ「賢善精進の相」を示すことにしかならないといった批判を十三条はしているわけで、そうした「専修賢善」という計らいに由来する異義を批判する条文が以上の四か条だということです。

そこでこの了祥の分類の意図するところを示そうとして私が作成したのが、126ページの資料【『歎異抄』「異義篇」の一般的な見方】という図式です。これに沿って説明しますと、まず仏教は自力で難行を行って悟りを開こうとする「聖道門」と、易行である他力の念仏を称えて往生することを願う「浄土門」に分けられます。ところが浄土宗（法然門下）でもまた、「一念か多念か」という論争が起こりますし、それと同時に「専修賢善」と「造悪無碍」という倫理道徳の立場をめぐる対立も生じてきます。この争いにおいて「多念義・専修賢善」の方は結局「聖道門」に再接近することになるのですが、とにかく『歎異抄』を高く評価してきた人たちは、了祥のこの分類に依りかかって、「専修賢善・多念義」と「造悪無碍・一念義」の中間に、どちらにも偏らない中道を行く正統な念仏者がいて、『歎異抄』の著者はこの正統念仏者の立場からバランスよく「専修賢善」と「造悪無碍」の両者を批判している、そういうふうに見てきたと言ってよいと思います。異義を「専修派・実行派・倫理派・功利派・常識派」と「誓願派・理論派・哲学派・観念派・高踏派」に分類する藤秀璻の見方も、また「律法化の異義」と「概念化の異義」に分類する梅原真隆・早島鏡正の見解も、そういうものとして見ることができると思いますし、最近では釈徹宗さんがＮＨＫのＥテレ「１００分ｄｅ名著」という番組で『歎異抄』（十一条）について以下のように述べていたものが、同様のものとして挙げられるでしょう。

この二つの異義〔造悪無碍と専修賢善〕については……唯円は「どちらに偏っていても駄目ですよ」と言っています。社会的な視点から見れば、一念義系の方が具合が悪い。事実、一念義系の人々が問題視されました。しかし、多念義的な立場になってしまうと、そもそも他力の教えの本義から外れてしまいます。なぜなら今までの仏道とそれほど変わらないのですから。唯円はこの両方の立場を批判しています。しかも両方への批判をうまく配置しており、唯円の構成力を見て取ることができます。（釈徹宗『歎異抄―仏にわが身をゆだねよ―』ＮＨＫ「１００分ｄｅ名著」ブックス、２０１９年、72－73ページ＝〔　〕内は順誠の補足）

以上のように、『歎異抄』の「異義篇」については、一方で「専修賢善」を批判しながら返す刀で「造悪無碍」もバランスよく批判している、というのが従来の一般的な見方であったと言うことができるわけです。

3.「異義篇」に対する私（順誠）の見解

しかし、果たしてそのように言えるのだろうかという疑問を私は持っています。特に、「誓名別信計」と言われる十一条・十二条・十五条・十七条が「造悪無碍」に対する批判として読めるかというのが私の提起する中心問題です。もしそこに「造悪無碍」に対する批判がなければ、『歎異抄』には「造悪無碍」に対する批判はないってことになります。一方、『歎異抄』には「専修賢善計」に対する批判の言葉はいっぱいあります。どこをとっても「専修賢善」に対する批判だらけです。そこで、このあとまず「専修賢善計」の条文の方は、一般に言われているように文字通り「専修賢善」に対する批判として読めるということを、簡単に確認します。そしてその後、「誓名別信計」という中心問題に移りたいと思います。

(1) 専修賢善計

「専修賢善計」については、十三条がこの系統の異義を代表するものであって、この命名自体が十三条に由来しているのだと思います。また、前回話したことからも、十三条が「専修賢善」を批判したものであることは明白だと思います。が、また、十三条については、もう一つ言わなければならない重要な問題が残されていますが、それは今日の話の総括的な意味を持つ問題なので、最後に申し上げたいと思います。従って、今ここでは十四条・十六条・十八条を取り上げておきたいと思います。

①十四条――一念滅罪

まずこの条文の一部を読みますね。

一念に八十億劫の重罪を滅すと信ずべしということ。この条は、十悪五逆の罪人、日ごろ念仏をもうさずして、命終のとき、はじめて善知識のおしえにて、一念もうせば八十億劫のつみを滅し、十念もうせば、十八十億劫の重罪を滅して往生すといへり。

これは異義の内容を説明した部分ですが、とにかく念仏して罪を消さなきゃいかん、一念で八十億劫消えるんだったら十念でその十倍消えるということを主張する異義なわけです。ですから、これが多念義的なものだというのは分かりやすいですよね。努力すればするほど罪が消えるという話ですからね。

また、この条文で「念仏もうさんごとに、つみをほろぼさんと信ぜば、すでに、われとつみをけして、往生せんとはげむにてこそそうろうなれ」などと言っていることからも、罪を消すために善行に励めということを主張する「専修賢善」の立場の異義であることは、すぐに分かりますね。だから、釈徹宗さんも、これは「自力であって、本来の他力の念仏からすでに外れてしまっています」から、この十四条には「専修賢善への批判があります」と言っているわけです（釈徹宗前掲書、81ページ）。このように、十四条は文字通り「専修賢善」批判として読める条文だと思います。

②十六条—自然回心

十六条についても最初の方だけ読みますね。

信心の行者、自然に、はらをもたて、あしざまなることをもおかし、同朋同侶にもあいて口論をもしては、必ず回心すべしということ。この条、断悪修善のここちか。

この条文は要するに、腹を立てたり喧嘩したりといったことがあるたびに心を入れ替えて反省しなきゃいけない、ということを主張する異義に対する批判です。そういう異義に対して「断悪修善のここちか」と批判しているのですから、これが「専修賢善」に対する批判であることは、文字通りに認められることですね。ですから、釈徹宗さんも、この条文は「罪を犯したときには、そのつど懺悔、回心しなければ往生できないという、専修賢善・多念義系の人たち」への批判であると言っています。この点では釈さんの見方に私は何の異論もありません。

ところで唯円はこの十六条で、「一向専修の人においては、回心ということ、ただひとたびあるべし」ということを言っています。つまり、「日ごろのこころにては、往生かなうべからずとおもいて」根本的に心を翻すというようなことは、生涯にただ一回だけのことであると言っているわけですが、ここで少し脱線的に触れておきたいことは、本願寺派（西本願寺）から離脱した高森顕徹が設立した親鸞会という新宗教団体がこの言葉を引き合いに出して、回心は人生にただ一回の出来事だから何年何月何日の何時何分に回心したと言えなきゃいけないということを、最近ではあまり言っていないようですが、以前は頻りに強調していたことです。こういう問題はどう考えたらよいでしょうか。

それから親鸞会と言えばもう一つ、「木像よりは絵像、絵像よりは名号」（『蓮如上人御一代記聞書』、本願寺派『浄土真宗聖典』１２５３ページ・大谷派『真宗聖典』８６８ページ）という蓮如の言葉がありますが、これを用いて木像の阿弥陀仏を本尊にしている本願寺を批判していたことを想い起こしますね。これに関連して、私が同朋大学で勉強していた頃のことですが、池田勇諦先生（同朋大学名誉教授）が、親鸞会のように「絵像よりも名号」と言われていることを根拠にして、あまりに「名号、名号」と教条的に実体化して強調しすぎることは、まるで「絵像よりも字像」と言っているように聞こえるというようなことを仰っていたことを思い出します。この親鸞会に対する見方がとても面白かったので、今でも覚えているわけです。が、こういう問題についても、今改めてどう考えたらよいでしょうかという意味で、余談的に申し上げたしだいです。本題に戻りましょう。

③十八条―施量分報

次は十八条ですが、これはちょっと面白いですよ。

仏法のかたに、施入物の多少にしたがいて、大小仏になるべしということ。この条、不可説なり、不可説なり。比興のことなり。まず仏に大小の分量をさだめんことあるべからずそうろうや。〔注・比興のことなり＝道理に合わないことである〕

これは、言ってみれば、お布施が多けりゃその分だけ大きな仏さんになるというような話ですが、こうした異義を批判することは僧侶としては片腹痛いことですよね。残念ながら、坊さんの生活には、このように布施は多い方がよいなどと言うようなことがありますからね。そして、これはあまりにも低俗な問題だから、「多念義・専修賢善か、一念義・造悪無碍か」というような形で真剣に教義や倫理道徳の問題として論ずるようなことではないと思う反面、しかし社会における宗教の実態から考えると馬鹿にできない問題で、自分も免れていないとも思わされるわけです。

が、いずれにしましても、やはり「多念義・専修賢善」の方が、量が多い方がよいというこの異義には結びつきやすいのではないかと思います。私は大学を出てここ正雲寺で仕事を始めたばかりの頃、元漁師町でお参りが盛んという、この下之一色の特性もあって、とにかく「三部経を読んでほしい。長いお勤めをして欲しい。お勤めは長ければ長い方がよい」といった要求に翻弄されました。お布施は多い方がよいというような問題が、私はまともな教義問題だとは思いませんが、しかし「多念義」の方がその正当化には利用しやすいですよね。一回念仏すれば救われるという「一念義」では、多い方がよいとは言いづらくなりますからね。ですから、この条文もそういう形で「多念義・専修賢善」に対する批判だと読めるのではないでしょうか。

以上、十四条・十六条・十八条はやはり「専修賢善」に対する批判として読むことができるということを申し上げました。

(2) 誓名別信計

それでは、今日の中心問題に入ります。「誓名別信計」の各条文が果たして「造悪無碍」に対する批判として読めるかということです。

①十一条―誓名別信

まず十一条を読みますね。

一文不通のともがらの念仏もうすにおうて、「なんじは誓願不思議を信じて念仏もうすか、また名号不思議を信じるか」と、いいおどろかして、ふたつの不思議の子細をも分明にいいひらかずして、ひとのこころをまどわすこと、この条、かえすがえすもこころをとどめて、おもいわくべきことなり。誓願の不思議によりて、たもちやすく、となえやすき名号を案じいだしたまいて、この名字をとなえんものを、むかえとらんと、御約束あることなれば、まず弥陀の大悲大願の不思議にたすけられまいらせて、生死をいずべしと信じて、念仏のもうさるるも、如来の御はからいなりと思えば、すこしもみずからのはからいまじわらざるがゆえに、本願に相応して、実報土に往生するなり。これは誓願の不思議を、むねと信じたてまつれば、名号の不思議も具足して、誓願・名号の不思議ひとつにして、さらにことなることなきなり。つぎにみずからのはからいをさしはさみて、善悪のふたつにつきて、往生のたすけ・さわり、二様におもうは、誓願の不思議をばたのまずして、わがこころに往生の業をはげみて、もうすところの念仏をも自行になすなり。誓願の不思議をばたのまずして、わがこころに往生の業をはげみて、もうすところの念仏をも自行になすなり。このひとは、名号の不思議をも、また信ぜざるなり。信ぜざれども、辺地懈慢疑城胎宮にも往生して、果遂の願のゆえに、ついに報土に生ずるは、名号不思議のちからなり。これすなわち、誓願不思議のゆえなれば、ただひとつなるべし。

皆さんこれを読んで、心惹かれますか？　もし冒頭にこの文章があったら『歎異抄』は流行ったと思いますか？「師訓篇」の言葉にはすごく心に残るものが多いですけど、「異義篇」に入ると突然どこか理屈っぽくなって、文学的にもイケてない文章になりますね。論理もあまりスッキリしないところが多くなりますので、「異義篇」しかなかったら『歎異抄』はおそらくブレイクしていなかったと私は思いますね。

が、それはそれとして、ここで批判の対象となっているのは、阿弥陀仏の「誓願」（本願）を心の底から信じて念仏したらみな浄土に迎えとりますよ、往生できますよという願いを信じること、すなわち「誓願不思議」が大事なのか、それとも、たとえ信心はなくてもとにかく南無阿弥陀仏という「名号」を称えること、すなわち「名号不思議」が大事なのか、どっちだと人に迫る異義です。が、このテキスト自体からはこの異義を主張する人が「誓願派」又は「名号派」のどっちの派に立っているのか判断がつきません。この異義はただ「あなたはどっちを信じるのか」と言っているだけなのです。結論的には「誓願」と「名号」は一体に決まっています。そもそも南無阿弥陀仏という「名号」に阿弥陀仏の「誓願」が込められているわけだから、この異義のように「名号」と「誓願」を分離して別々のものにするのは邪道だと、唯円が言うことには私は異存ありません。

ところがおかしなことに、了祥以来伝統的には、この条文で批判されている異義は「誓願派」に立って「名号派」を攻撃する立場に立つものだとされてきました。そして、「誓願派＝一念義・造悪無碍」と見て、この条文が「一念義・造悪無碍」を批判していると読んできたわけです。しかし、先に述べたように十一条で唯円が言っているのは、単に「誓願」と「名号」を別のものだと見てはいけないということにすぎませんので、釈徹宗さんが言うように「誓願派」にも「名号派」にも偏してはいけないと言っているとは読めますが、だからといってこれが主として「造悪無碍」批判の条文だと読むのは間違いです(この点に関し特に参考になったものとして、佐藤正英『歎異抄論釈』青土社、２００５年、２４４-２８８ページ参照)。このように十一条には明確な「造悪無碍」批判の意図が読み取れない反面、「つぎにみずからのはからいをさしはさみて、善悪のふたつにつきて、往生のたすけ・さわり、二様におもうは……」という部分からは、ここで批判されている異義が、「善」が「往生のたすけ」となり「悪」がその「さわり」になるとして「善」を薦めるものだということが分かりますが、唯円はそのようなことを言うのはおかしいよという批判をしているわけですから、これは「専修賢善」に対する批判として読むことができます。また、続いて「誓願の不思議をばたのまずして、わがこころに往生の業をはげみて、もうすところの念仏をも自行になすなり」と言っていることからは、この異義が「誓願不思議」よりも「名号不思議」を重視するものであって、それに対して唯円が念仏を「自行」(自力の行)にしてしまうものだと批判していることが読み取れますから、この条文は「造悪無碍」じゃなくて明らかに「専修賢善」を批判するものだと言えます。要するに、この十一条には明確に「造悪無碍」を批判する箇所はないということです。

②十二条—学解念仏

次に十二条は長いから最初の方だけ読みます。

経釈をよみ学せざるともがら、往生不定のよしのこと。この条、すこぶる不足言の義といいつべし。他力真実のむねをあかせるもろもろの聖教は、本願を信じ、念仏をもうさば仏になる。そのほか、何の学問かは往生の要なるべきや。まことに、このことわりにまよえらんひとは、いかにもいかにも学問して、本願のむねをしるべきなり。経釈をよみ学すといえども、聖教の本意をこころえざる条、もっとも不便のことなり。一文不通にして、経釈のゆくじもしらざらんひとの、となえやすからんための名号におわしますゆえに、易行という。学問をむねとするは、聖道門なり、難行となづく。あやまって、学問して、名聞利養のおもいに住するひと、順次の往生、いかがあらんずらんという証文もそうろうぞかし。

読むのはここまでにしときましょう。ここまでで十分です。後は聖道門の学問をしている人から議論をふっかけられても相手になるな、と言っているだけです。これは、学問して自分を高めようとしないと駄目だなどと言うのは異義だと批判する条文です。それで、ただ「本願を信じ、念仏もうさば仏になる」ということさえわかればよいので、もしそれが信じられないならそれを信じられるための学問は必要だとは言うけれど、とにかく「学問をむねとするは、聖道門なり、難行となづく」と言うわけですから、ここでの批判の対象は「造悪無碍」ではなくてむしろ「専修賢善」だと言えるでしょう。「聖道門」批判と言ってもよいですけど、要するに自ら善を積み、努力し学問をやって自分を高めましょう、そうじゃないとだめですよと言っている異義を批判しているのですから、十二条は「造悪無碍」に対する批判とは全く読めないのです。ここではそれだけ分かっていただけば十分です。

③十五条—即身成仏

それでは十五条に行きましょう。これはあまり長くないですが、これも最初の方だけ読んで説明したいと思います。

煩悩具足の身をもって、すでにさとりをひらくということ。この条、もってのほかのことにそうろう。即身成仏は真言秘教の本意、三密行業の証果なり。六根清浄はまた法華一乗の所説、四安楽の行の感徳なり。これみな難行上根のつとめ、観念成就のさとりなり。

この後は読んでおいて頂きたいのですが、ここで批判しているのは「即身成仏」であって、それは「真言密教」や「法華一乗」の教えで言われていることだと言っています。それで、これらは聖道門の教えに属するものですから、この批判の対象は「一念義・造悪無碍」であるというよりも、「多念義・専修賢善」の方に近いものだということは言えますよね。

それに対して、浄土真宗で強調するのは「即得往生」(現生正定聚・現生不退)ですね。これは現生において信心を獲得したその瞬間に往生が定まるということですが、しかし未だ往生したわけじゃありません。穢土と浄土に分けるならば、生きている限り私たちはこの穢土に居るわけですから、まだ浄土に往ってしまったわけではないのです。ところが、それを取り違えて「即身成仏」と同義であるように吹聴する人があるので、それを異義として批判しているわけです。「即身成仏」とはこの世に居ながらこの身のままで成仏するって話だから、穢土と浄土の境をなくしてしまうことになるのです。浄土門からすればそれは異義だと批判することは正しいことだと私は思います。

だけれども、むしろ本当に問わねばならない問題はここからなのです。それはどういうことかというと、「即身成仏」と「即得往生」とではどちらがより「造悪無碍」に近づくかという問題が残っているということです。これはなかなか難しい問題ですね。ここには、実は宗教的な観念と倫理道徳的な観念はそれほどストレートにつながるわけではないという問題がさらに根底にはあるわけです。つまり、「専修賢善か、造悪無碍か」といった倫理道徳的なレベルのやりとりは、「即得往生か、即身成仏か」という宗教教義のレベルのやりとりにストレートに対応する訳じゃないということです。「即身成仏」でも「即得往生」でも、受け取りようによっては、どちらからでも「造悪無碍」は生まれます。一回念仏すれば救われるという「一念義」は特にそうで、既に浄土に往くことは定まっているのだから後は何をやってもよいじゃないかということになるならば、「即得往生」こそ「造悪無碍」につながりやすいと言えますね。が、また「即身成仏」の方にしても、この世こそが浄土なのだからもう何をやっても許されるという形で、場合によっては悪を正当化することになりますね。「即得往生」でも「即身成仏」でも、どっちだって「造悪無碍」にはつながっちゃうわけですよ。でも「即身成仏」の場合には、この身のままで既に仏さんだと言ったら怪しいわけですが、今はまだ仏でなくとも、将来、仏に成るために努力するという意味もあることは認めなきゃいけないかもしれません。その場合には、「即身成仏」は「造悪無碍」よりもむしろ「専修賢善」の方につながりやすくなるのではないかと思います。[11]

このように、「即身成仏」には「即得往生」よりも「専修賢善」につながる要素は強いということもありますので、それを批判するこの十五条もやはり「造悪無碍」批判の条文として読むことはできないと思います。

④十七条―辺地堕獄

さて最後の十七条は少々ややこしい条文です。これは短いですから全文読んでおきましょう。

> 辺地の往生をとぐるひと、ついには地獄におつべしということ。この条、いずれの証文にみえそうろうぞや。学生だつるひとのなかに、いいいださるることにてそうろうなるこそ、あさましくそうらえ。経論聖教をば、いかようにみなされてそうろうやらん。信心かけたる行者は、本願をうた

がうによりて、辺地に生じて、うたがいの罪をつぐのいてのち、報土のさとりをひらくとこそ、うけたまわりそうらえ。信心の行者すくなきゆえに、化土におおくすすめいれられそうろうを、ついにむなしくなるべしとそうろうなるこそ、如来に虚妄をもうしつけまいらせられそうろうなれ。

これは非常に読み難く、また分かり難い文です。親鸞は『教行信証』「化身土巻」において自らの求道の過程を、自力の修行をして浄土に往生しようとする段階（阿弥陀仏の四十八願中、十九願）から、念仏していてもそこに自力が混じっている段階（二十願）を経て、他力の信心を獲得する段階（十八願）への過程を「三願転入」として描いておりますが（本願寺派『浄土真宗聖典』４１３ページ・大谷派『真宗聖典』３５６－３５７ページ）、このことを唯円は以上のように「信心かけたる行者は、本願をうたがうによりて、辺地に生じて、うたがいの罪をつぐのいてのち、報土のさとりをひらくとこそ、うけたまわりそうらえ」と記しているのだと思います。ところが、浄土のど真ん中じゃなくてその端っこ（辺地）にしか往生できない人は「結局、地獄に落ちるよ」という異義を言っている人がいるので、それを唯円は批判しているのですね。

ここで唯円が言っていることは教義的にはおかしくないと思います。けれども、そういうことを言っている異義者が、要するに「造悪無碍」に属する人かどうかが問題で、そうは読めないと私は思います。

これは実を言うと日蓮の存在を考慮しないと分からないことです。そうでないと、『歎異抄』には読めない箇所がいくつかあるのです。例えば二条の「たとい、法然聖人にすかされまいらせて、念仏して地獄に落ちたりとも、さらに後悔すべからずそうろう」という有名な親鸞の言葉もそうです。これは、はるばる関東の地から晩年京都に帰った親鸞のところに、「おのおの十余か国のさかいをこえて、身命をかえりみずして、たずねきたらしめたまう」門弟達に親鸞が言っている言葉ですが、誰かが「念仏したら地獄に落ちるよ」と言っていたので、それで門弟達はわざわざ聞きに来たのじゃないですか。それで当時関東で「念仏したら地獄に落ちる」などと言っていた人は誰かって言うと、それは日蓮以外には考えられません。確かに念仏以外の教えが聞きたければ、「南都北嶺にも、ゆゆしき学生たち」、つまり偉い学者さん達が大勢居るからそっちに行って聞いてくれと親鸞は言っています。しかし、いわゆる「旧仏教」の学者さんたちにしても、天台宗でも真言宗でも奈良仏教でも、念仏したら地獄に落ちるなんて言ってないのです。だから日蓮の存在をおかないと『歎異抄』には読めないところがあるわけです。そして十七条もそうしたところだと思うのです（『歎異抄』の歴史的背景として日蓮の存在に言及するものとして、藤秀璻『歎異鈔講讃』百華苑、１９９８年〔八版〕、１３２‐１３４ページ・梅原真隆『歎異抄』宝文館、１９８９年、１６１‐１６３ページ参照）。

このように十七条を読むならば、ここには「造悪無碍」に対する批判は認められません。日蓮はむしろその対極にいるような人でしょう。ですから、十七条で批判の対象となっている異義は聖道門の立場からのものだと思われますので、「専修賢善」に近いものだと言ってもよいのではないでしょうか。

私は以上のことを取りまとめて、「誓名別信計」と言われている十一条・十二条・十五条・十七条には、どこにも「造悪無碍」に対する批判は見当たらないということを申し上げたいのです。従来、『歎異抄』を高く評価してきた人たちは皆、この四か条でもって唯円がバランスよく「専修賢善」だけじゃなくて「造悪無碍」も批判していますよ、というふうに読みたかっただけなのではないでしょうか。予めバランスが取れた人だと決めてかかって、後でそれに合わせて盛り付けしているようなものです。ところが、一見せっかく上手に盛り付けして下さって、例えばハンバーグとサラダがバランスよく置いてあるように見えるのですが、実はよく見るとハンバーグの方は本物で出来ているのに、サラダの方は蝋か何かで出来ているようなものです。結論として、『歎異抄』からは「専修賢善」に対する批判はどこからでも取り出すことが出来るけれども、「造悪無碍」に対する批判は見当たらないということを強調しておきたいと思います。

（おわりに）十三条（本願ぼこりと造悪無碍）再考

おわりに、釈徹宗さんが言っていることをさらに二つ取り上げて、反駁しておきたいと思います。第一は、釈さんが唯円を「グルグル唯円」と呼んでいることに対してです。釈さんは以下のように言っています。

私は「グルグル唯円」と呼んでいるのですが、唯円は、「造悪無碍」にも「専修賢善」にも振れない中道を行きながら、一つひとつの事案についてAも違うがBも違うと、丁寧に主張しています。誠実さと明晰な思考の両方を兼ね備えていた弟子でした。（釈徹宗前掲書、82ページ）

しかし、私に言わせると、唯円は「グル」「グル」と二度回って両方とも批判する「グルグル唯円」じゃなくて、一方しか批判しない「グル唯円」にすぎません。以上に見てきたように、両極のバランスなど全然とっていないからです。一方に偏しているのです。一般的なものの考え方として言えば、私もバランスは取れていた方がよいだろう、いずれにも偏しないで中道を行く方がよいだろうとは思います。人気があるからが、だからといって『歎異抄』もそうなっていると読むのはやはり読み込み過ぎです。

と言って、自分好みの『歎異抄』を作っちゃいけないのです。

それからもう一つ、十三条についての釈さんの見解を紹介して、それに対する私の考えを述べておきたいと思います。釈さんは、十三条が「専修賢善」を諌める一方で、親鸞の御消息から「くすりあればとて、毒をこのむべからず」という言葉を引用して「造悪無碍」も批判しているということを強調しています（釈徹宗前掲書、73ページ）。十三条のその部分を確認しておきましょう。

そのかみ邪見におちたるひとあって、悪をつくりたるものを、たすけんという願にてましませばとて、わざとこのみて悪をつくりて、往生の業とすべきよしをいいて、ようように、あしざまなることのきこえそうらいしとき、御消息に、「くすりあればとて、毒をこのむべからず」と、あそばされてそうろうは、かの邪執をやめんがためなり。まったく、悪は往生のさわりたるべしとにはあらず。

このように「造悪無碍」批判の言葉もちゃんと紹介しているのだから、十三条はバランスを取っているというのが釈さんの読み方なのですが、でも私はここで親鸞の手紙を唯円が引いているのは、いわば「アリバイ作り」に過ぎないということを言いたいのです。十三条は全体としては、「本願ぼこり」を批判するのはおかしいということを言っているのであって、「専修賢善」批判を展開しているわけで、その途中に上の一文が申し訳程度に差し挟まれているに過ぎないからです。ですから、この一文も結局は「まったく、悪は往生のさわりたるべしとにはあらず」という主張を繰り返すのに役立っているだけなのです。この「アリバイ作り」ということをさらに分かりやすくするために、少し別の例を出すことにしますね。

この十年ほど私は生命倫理の勉強をしていて、「安楽死・尊厳死」の研究をしています。が、最近では一般に「安楽死」(euthanasia) よりも「尊厳死」(death with dignity) という言葉を好んで使うようになってきたのには理由があって、実はナチスが「安楽死」という言葉を使って、「障害者」や「無益」と見なされる人を、実際に抹殺する政策を行ったということがあるので、「安楽死」という言葉が嫌われるようになったのです。それで日本でもアメリカの流れに従うようにして、「安楽死」から「尊厳死」へと言葉を置き換えてきたのですね。ですから、例えば日本尊厳死協会は、同協会が推進する「尊厳死」は「安楽死」とは違うということを強調しています。

このことをもう少し詳しく説明しますと、よく「安楽死」には、薬物などを投与して積極的に死に至らしめる「積極的安楽死」(active euthanasia) と、人工呼吸器などの延命治療を差し控えて自然に死ぬに任せる「消極的安楽死」(passive euthanasia) があるという分類がなされますが、日本では「尊厳死＝消極的安楽死」と考えている人が多く、現に尊厳死協会もそのような説明をしながら、だから「尊厳死」は「(積極的)安楽死」とは違うということを強調しているわけです。但し、この「尊厳死＝消極的安楽死」という語法は日本でしか通用しないもので、他の諸国では「積極的安楽死」や「医師による介助自殺」(physician-assisted suicide)の場合にも、それが「尊厳」を保護するためになされるものであれば、「尊厳死」と言われています。ちなみに、最近オランダはじめベネルクス三国で合法化されてきたのはまさに「積極的安楽死」であり、スイスの関連団体が外国人も受け入れて行っているのは「医師による介助自殺」ですが、近年こうしたことが世界的に注目されるようになってきたということがありますね。

ところで日本尊厳死協会などが「尊厳死」は「安楽死」とは違うということを強調する場合、そこには同協会が推進しようとしている「尊厳死」は、ナチスがやったような「人殺し」ではなく、真に「尊厳」を護って人を苦しみから解放することだということを主張する意図があると思います。が、我々が推進しようとしている「尊厳死」は、ナチスがやったような、優生思想に基づいて「劣っている」とされる人を抹殺するような所業ではない、と一言断ったからと言って、推進しようとしている「尊厳死」が、本当に質的にナチス的な「安楽死」から免れたものだと言えるかどうかには疑問が残ります。現に私たちは「無益な延命治療」などという言葉を平気で使いますが、或る人が生きていることを「無益」だと評価することは、質的にナチスの優生思想と完全に異なるものだとは言えないような問題もはらんでいると思うからです。

説明が長くなりましたが、親鸞聖人が「くすりあればとて、毒をこのむべからず」と言われたのは、「そのかみ邪見におちたるひと」、つまり「造悪無碍」に対して言われたことであって、決して「本願ぼこり」に対して言われたことではないなどと弁解するのは、まるで我々が推進しようとしている「尊厳死」はナチスがやったような「安楽死」という名の殺人行為とは違うものだと弁解しているようなものではないか、ということを私は言いたいわけです。一度、「(積極的）安楽死」を批判しておきさえすれば、後は「尊厳死」は丸ごと肯定されるのと、一度、「薬あればとて」という御消息さえ引いておけば、後は「本願ぼこり」が丸ごと肯定されるということは似ていると思いませんか。ですから、私は十三条に申し訳程度に御消息の言葉が引いてあるのは、文字通り「造悪無碍」批判を展開する趣旨ではなくて、単に「アリバイ作り」にすぎないのではないかと言うのです。実は「安楽死」と「尊厳死」を質的に完全に切り離すことが困難であるのと同じように、「造悪無碍」批判の言葉を一度だけ引いたからと言って、「本願ぼこり」が完全に「造悪無碍」から免れるわけではないでしょう。むしろそのような「アリバイ作り」をした上で、結局は「まったく、悪は往生のさわりたるべしとにはあらず」と宣うことこそ、まさしく「造悪無碍」肯定の所業だと言わざるを得ないのではないでしょうか。

以上、「異義篇」の批判的読解を通して、『歎異抄』の著者の立場はやはり「造悪無碍」に限りなく近いものだということが見えてきたということを、今日の話の結論にしたいと思います。そして、以上に述べてきた私の見解を１２７ページの資料【『歎異抄』「異義篇」に対する順誠の見解】として図に示しておきましたので、これも参照していただければと思います[12]。

（補足説明１）「悪人正機と悪人正因」再考

多少時間が余りましたので、いくつか補足しておきたいことがあるのですが、まず改めて「悪人正機と悪人正因」の問題を整理しておきたいと思います。これは前回の話を冊子にして頂いたものを読み直して、少し不明確なところがあると気がついたので、改めて明確にしておきたいと思います。

「善人尚以て往生す、況や悪人をや」というのは、元々は法然（醍醐本『法然上人伝記』）の言葉なのですが、そこにはこの言葉の意味を「本は凡夫のためにして、兼ねて聖人のためと云ふが如し」と説明してあります。そして、覚如はこの『法然上人伝記』の言葉を使って、『口伝鈔』十九条（本願寺派『浄土真宗聖典』９０７-９０８ページ・大谷派『真宗聖典』６７２-６７３ページ）のタイトルを「如来の本願は、もと凡夫のためにして、聖人のためにあらざる事」として、「凡夫本願に乗じて、報土に往生すべき正機なり」「悪凡夫を本として、善凡夫をかたわらにかねたり。かるがゆえに、傍機たる善凡夫、なお往生せば、もっぱら正機たる悪凡夫、いかでか往生せざらん」と述べているわけですから、この「悪人正機説」という言葉の典拠だと考えられる覚如の言葉は、『法然上人伝記』の言葉を解釈したものであると受け取ることができるのではないかと思います。

また、そのように考えると、『歎異抄』三条の「他力をたのみたてまつる悪人、もっとも往生の正因なり」という「悪人正因説」は、覚如の「悪人正機説」以前になされた『法然上人伝記』の解釈だと言えるように思いますが、この言葉がいったい誰のものかと言うと、私は結局のところ、親鸞と唯円の合作として見るべきではないかと思うようになったわけです。このことは、前回の話を冊子にしていただく過程で、その冊子の校正責任者である井上重信さん（正雲寺責任役員）から、もし『歎異抄』三条のこの言葉が親鸞のものであるならば（注・前回の話で私は三条に「と云々」を補う方の読み方を採ると言っておりましたので、その場合には「悪人正因」は親鸞の主張であると解することもできます。第一回講義（1）「悪人正機説」の提唱者（定式者）参照）、御消息で「造悪無碍」を戒めていることと矛盾するのではないかというコメントをいただいたことから考えて、ハッキリしてきたことです。実際、この井上さんのコメントは極めて重要な意味を持っていると思います。確かに、「悪人正因」を主張しながら「造悪無碍」を批判するのはおかしいですからね。が、親鸞には実際に矛盾があるのだと思いますけれども、これについては、伊藤益さんの『歎異抄論究』（北樹出版、２００３年）によって解決がつくと思いますので、少しそれを紹介しておきます。まず伊藤さんは『歎異抄』三条の性質について以下のように述べています。

歎異抄は、それ以前のいかなる史料にも増して、善人往生に対して消極的ないし否定的であるといっても誤りではないであろう。このことは、歎異抄が、他のどの悪人正機の思想よりもいっそう激しく悪人の往生を強調していることを意味する。歎異抄は、本質的な意味で弥陀の本願に与りうる（したがって、往生することができる）者を、悪人だけにほぼ限定し、善人を考慮の外に置いていると言っても過言ではないように思われる。（伊藤益前掲書、74ページ）

これは「悪人正因」の持つ意味をうまく説明するものだと思いますね。しかし、同じ本で伊藤さんは御消息に繰り返される「造悪無碍」への戒めについて、以下のようなことも述べています。

親鸞は、なぜ、関東の門弟たちにむかって、このようにいくたびも「造悪無碍」を戒めなければならなかったのであろうか。答は一つしかない。すなわち、親鸞は、かつて彼らに向かって（おそらくは口伝という形で)、悪人こそが往生の正機であるという認識を披瀝したことがあり、それが、悪しき者が救われるならば積極的に悪をなすべきだという誤解を生んだものと考えられる。(伊藤益前掲書、80ページ)

この中の「正機」という言葉は「正因」に読み替えた方がよいと思いますが、とにかく、親鸞はかつて関東時代に「悪人正因」のような軽率なことを言ってしまったと反省して、それで御消息で「造悪無碍」に歯止めをかけるようになったということなのだと思うのです。つまり、どうも言い過ぎた、悪に甘すぎたと思い直したから、御消息でそれを訂正しているということです。ですから、『歎異抄』三条の「悪人正因」は、以前は悪に甘かった親鸞の言葉を唯円なりに書き留めたもの、すなわち二人の合作だと見るのがよいのではないかと思う次第です。いずれにせよ、以上の伊藤さんの見方によって、悪に対する親鸞の抱える矛盾については整合的に説明できるのではないかと思います。

ただこれについてもう一つ紹介しておきたいのは、平雅行さんが「親鸞の造悪無碍批判は晩年の蹉跌・躓き」(平雅行『日本中世の社会と仏教』塙書房、1992年、255ページ、318ページ)であると言っていることです。これはつまり、「悪人正因」を語っていた頃の親鸞は革命的に体制権力と渡り合っていたのに、晩年の親鸞はいわば「日和(ひよ)った」(弱腰になって転向してしまった)というようなことが言いたいのだと思います。

親鸞が晩年反省したことを肯定的に評価するか、それとも平さんのように批判するか、これは今後も親鸞思想の解明にとって、重要な課題たり続けると思います。私はそれを評価すべきだと思っているということを、前回と今回の話を通じて申し上げているわけです。

(補足説明2)『歎異抄』全体の構成についての異説―佐藤正英説

次に、非常に面白い説ですから、『歎異抄』の全体構成に関する異説として、佐藤正英さんの説を紹介しておきます。

まず前提として『歎異抄』には元々の原本と、またそれを写した「覚如本」と言われるものもあったとされていますが、それらは現存していません。それで最も古いのが「蓮如本」と言われるもので、これは西本願寺にあります。が、これは、元々は袋綴じになっていたものが、江戸時代に「巻子本(かんすぼん)」と言って巻物の形にされたと言われております。ところが、写本のある段階で『歎異抄』には錯簡、つまり閉じ違いなどによって書物の順番が狂うということが起こったのではないか、と佐藤さんは言っています。例えば、私たちも時々、本のコピーなどをしてページ順に揃えたつもりが、1ページの後に2ページではなくて3ページが来てしまい、その後に2ページがあるというようなことがありますね。

それで、私も昔から「後序」の文章は読みにくいところがあると思っておりましたが、佐藤さんによれば、「後序」の「いずれもいずれもくりごとにてそうらえども……なげき存じてそうらいて」という部分と、その直後の「かくのごとくの義ども……かまえてかまえて聖教をみみだらせたまうまじくそうろう。」（本願寺派『浄土真宗聖典』８５２‐８５３ページ・大谷派『真宗聖典』６３９‐６４０ページ）というところが、錯簡で入れ替わってしまったということです（配付資料10ページ参照）。実際、佐藤さんの見方に従ってそこを並べ替えてみると、本当に文意が通るようになりますので、この「後序」の錯簡については、佐藤さんが言っている通りだと思います。

ただしかし、こうしたことから佐藤さんは、もともと『歎異抄』は、「異義篇」が前にあり「師訓篇」が後になっていたということを言っているのですね。そして佐藤さんは前者を『異義条々』と名づけ、「前序」（漢文序）を後者の語録にのみかかる序文だと見なして、『歎異抄』は語録の部分のみに当たる書名だと言っています。しかし、これに対しては、伊藤益さんが以下のように批判しています。

親鸞の言説を忠実に祖述する体裁を採り、とりたてて異議批判を前面に押し立てるわけでもない親鸞語録を、唯円が「歎異抄」と名づける根拠は何か。疑問とせざるをえない。また、漢文序が唯円の「歎異」の心を強調している点に着目するならば、それを、ただ親鸞語録にのみかかる総序と見なすことには無理があるというべきであろう。後序の錯簡をめぐる佐藤論註の指摘が妥当なものであることは否定できない。しかし、現存諸本の述作の順序を改変する必要はないと考えられる。(伊藤益前掲書、25ページ)

私は伊藤さんが言っていることに賛同します。が、『歎異抄』全体の構成に関する異説としては、上の佐藤説以外に近角常観説や西田真因説があるわけですが、本の構成についてこうした諸説が出てくるのは、そもそも原本がないからだと言えるわけですよね。以上のことは、『歎異抄』にはこんな問題もあるという意味で紹介しました。

が、もしかしたら今後、原本が発見されるなどということがないわけじゃないかもしれませんよ。そうしたら面白いでしょうね。大正時代に『恵信尼消息』(本願寺派『浄土真宗聖典』812－827ページ・大谷派『真宗聖典』615－625ページ)が西本願寺の蔵から発見されて、それで親鸞の生涯についての語り方が、従来の『御伝鈔』(本願寺派『浄土真宗聖典』1043－1061ページ・大谷派『真宗聖典』724－737ページ)をはじめとする親鸞伝に基づく語り方とは決定的に変わったということがありましたが、もし『歎異抄』について同じようなことが起こるならばどうなるでしょうか。とても興味深い問題だと思いますね。

(補足説明3)『歎異抄』の現代語訳について

最後に、皆さんが『歎異抄』の訳本や解説本を選ぶ場合に参考になるかもしれませんので、現代語訳の問題について申し上げておきたいと思います。

これは以前立川市の市民交流大学で話した時のことですが、『歎異抄』を読む場合には、原文を読まなきゃいけないのか、それとも現代語訳だけでよいのか」という質問が出ました。私はそのような質問が出ることなど想定していませんでしたので、そんなことを思う人があることに驚いたのですが、意外と皆さん実際には悩まれるところなのかもしれませんね。それでその時、私は次のようにお答えしました。

例えば、ドストエフスキーを原文で読まなければならないかというような問題だったら、私だってロシア語はまったく読めませんから、とりあえず日本語訳でよいのではないかと答えるでしょう。ただそれだって本当は、できたら原文を入手して必要に応じてそれも参照しながら読んだ方がよい場合もありますね。そう考えれば、古い言葉だと言っても、『歎異抄』は一応日本語で書かれているわけですから、とにかく現代語訳だけで済ますことはしないで、絶対に原文の方にも目を通すようにして下さい。が、必ず原文は読むということを前提として言うならば、現代語訳はできるだけ多くのものに目を通した方がよいと思います。なぜなら、そうしているうちに、自分自身の『歎異抄』の読み方ができるようになると思うからです。

大方このようにお答えしたわけですが、その際、私が言ったことを実例で示すために、『歎異抄』十条の最初の一文、「念仏には無義をもって義とす」の各種翻訳を比較検討してみました。この文を例にとったのは、これが非常に短くて扱いやすい上に、現代語訳する場合に考えなければならない問題が、うまい具合に含まれているからです。

この文を訳す場合の重要なポイントは、最初の「無義をもって」の「義」と後の「義とす」の「義」が同じ意味かどうか、違うとすればどのように違うかということを、訳者がちゃんと認識して訳しているかどうかです。入試などでこの文を訳す問題が出たような場合には、このポイントさえ認識していることが分かれば、両方の「義」を同じ意味に取っても、違う意味に取っても、合格点をあげてよいと私は思います。が、あまたある『歎異抄』の訳本や解説本には、現代語訳と称しながらまったく合格点はあげられないようなものも多いです。

私が見たところ、両方の「義」を同じ意味に取っている典型例として、「他力念仏は、凡夫のはからいのないのが、仏の御はからいであるとする」（早島鏡正『歎異抄を読む』講談社、１９９２年）というのが挙げられると思います。これは「義」を「はからい」の意味にとるもので、それで「凡夫のはからい」と「仏の御はからい」に訳し分けているのです。

それに対して、最初の「義」を「はからい」という特殊な意味に取り、後の「義」を「道理・意義・趣旨」などの一般的な意味にとって訳しているものがあります。例としては、「念仏においては、人間の自力のはからいが入らないことが、根本の道理である」（谷川理宣・土井順一・林智康・林信康編著『歎異抄事典』柏書房、１９９７年〔新装版〕）、「念仏においては、それを行う人に、自力の計らいのないことを、道理とするのである」（安良岡康作『歎異抄全講読』大蔵出版、２００９年〔新装版〕）等が挙げられます。

が、また、二番目の「義」を一般的な「道理」といった意味よりも、もっと特定的な「教説」「法義」の意味に取って、訳しているものもあります。例えば、「念仏のみちにははからひ（固定観念）のないことが最大の教義です」（歎異抄研究会『歎異抄入門』社会思想社、１９６１年）、「本願他力の念仏においては、自力のはからいがまじらないことを根本の法義とします」（『歎異抄〔文庫判〕―現代語訳付き―』本願寺出版社、２００２年）等があります。

ここまで紹介したものは翻訳の試験で書けばパスするようなよい訳文の例ですが、私は以上の中では本願寺出版社から出ている訳文が最もよいのではないかと思っています。これは私が本願寺派の僧侶だから言っていることではなくて、私は一番目の「義」は「はからい」と訳せばよいと思いますが、二番目の「義」は一般的な「道理」といった意味よりも、もっと特定的な「教義」の意味に取る方がよいと思っているからで、それが最もうまく表現されているのが本願寺出版社の文庫本テキストだと思うからです。ちなみに、本願寺から出ている英訳を見てみると、〝Concerning the nembutsu, no working is true working〟(A Record in Lament of Divergences, *The Collected Works of Shinran,* Jōdo shinshū Hongwanji-ha, 1997) となっています。これは両方の「義」を同じ意味 (working) に取って英訳したもので、早島鏡正訳に似たものですね。でも私だったらむしろ、〝Concerning the nembutsu, no working is the doctrine〟などと訳してみたいところですね。

さてここからは翻訳というには意訳し過ぎのものだったり、自分の解釈や説明を長々と述べ立てるなどとても翻訳とは言えないものだったりするので、試験にはパスしないようなものを挙げてみたいと思います。例えば、

・「念仏においては、あさはかな才覚を捨てることを才覚とする」(石田瑞麿『歎異抄・執持鈔』平凡社、

1964年)、これなどは意訳のし過ぎではないでしょうか。それから、

・「念仏は左右(とかく)の義(はからい)をさしはさまずに、ただ素直によろこぶがよい」(梅原真隆訳注『歎異抄』角川書店、1996年)、

・「念仏というものは、分別、悟性でもって理解し得ないところが、その正しい理解であります」(梅原猛全訳注『歎異抄』講談社、2000年)、

・「アミダ仏の真実というものは、自分の知識とか経験とかといったものをものさしとして理解しないということを道理といたします」(山崎龍明『歎異抄を生きる【原文・現代語訳付き】』大法輪閣、2001年)、

・「念仏に関して、弥陀の真意を説くならば、となえる主体の意志的かつ主体的な作意がないことを以てその本義とするのが、弥陀のお考えというべきであろう」(伊藤益『歎異抄論究』北樹出版、2003年)、

・「他力の念仏においては、自分勝手な意味づけをしてはいけません」(齊藤孝『声に出して読みたい日本語 音読テキスト③ 歎異抄』草思社、2007年・千葉乗隆訳注『新版歎異抄—現代語訳付き—』角川学芸出版、2008年)、

・「念仏は、人間を苦しめる偏った価値観による意味づけや考え方を破り、解放をもたらすところに如来

の意図がある」（親鸞仏教センター『現代語歎異抄―いま、親鸞に聞く―』朝日新聞出版、２００８年）、

・「念仏というものは、あれこれ理屈をつけて論じるものではない」（五木寛之『歎異抄の謎―親鸞をめぐって・「私訳歎異抄」・原文・対談・関連書一覧―』祥伝社、２００９年）、などはもう現代語訳とは言えないもので、自分なりの教えの味わい方や解釈・説明を述べているに過ぎないものだと思われます。

『歎異抄』には、「現代語訳」と言いながら、そこに何が書かれているのかを正確に読み取ろうとしないで、いつの間にか自分の人生観を牛の涎のように延々と語り始めてしまう気にさせる、何か魔力のようなものがあるのでしょうか。いずれにせよ、私はそのような思い込みを延々と述べ立てる前に、文言をきちんと理解することこそが大事ではないかと思っているのです。ご質問などございましたらどうぞ。今日もまたいろいろややこしい話をお聞き頂きまして誠に有難うございました。

（質疑応答）

ＳＩ氏：第十八願の抑止文には「五逆も謗法も救いから除かれる」とありますが、「悪人正因」「悪人正機」「造悪無碍」との矛盾、また仏智疑惑の問題などどう考えたらよいのでしょうか。

順誠：今責任をもって答えられませんが、遠藤美保子さんの論文が参考になると思います。確か、救われる悪と救われない悪があって、救われる方の悪は「五逆」で、「誹謗正法」の方は救われない悪だったと思います。五逆の方はある条件を満たせば救われるってことです。これは『教行信証』「信巻」の問題だと思います。「懺悔」、つまり自己批判しなきゃいけないということです。「造悪無碍」者は自己批判しないでしょう。その意味において、親鸞は確かに五逆の罪を犯した者がいかにして救われるかを、自分の宗教的な課題の中心に置いたってことは言えると思います。が、それは「悪人正因」には繋がりませんね。やはり、懺悔があって初めて救われるわけですから。これは、前回言いましたように、罪を「罪」と知り、悪を「悪」と知った人間はそれ以後も「悪人」なんですかって問題ですね。御消息を読む限りでは「悪人」のままでいいなんてことにはならないだろうなというふうに私は思っています[13]。確かに「仏智疑惑の罪」も償えばよいのかもしれませんね。「仏智疑惑和讃」（本願寺派『浄土真宗聖典』６１０‐６１４ページ・大谷派『真宗聖典』５０５‐５０７ページ）もありますからね。仏ちょっとその辺はきっちりと読んだ方がいいのかもしれませんけど。ただ「誹謗正法」というのは仏教をそしるものですよね。それは『教行信証』と照らし合わせるならば、やっぱり「化身土巻」で、十九願や二十願の機（人）は一旦辺地に行くけれども、やがては救いの対象になると思いますが、しかし仏法をそしる「外道」はやはり除外されるんじゃないですかね。今は責任を持って厳密には言えませんけど、そんな感じはします。ただ「悪」とか「罪」ってことで主として問題になっているのは、「誹謗正法」の方ではなくて、「五逆」の方だと思います。

合掌

ＪＪ氏：先ほどの話で、『歎異抄』には日蓮の存在を考慮しないと理解できない部分があるということでしたがその理由は何ですか。

順誠：日蓮の問題というのは、確かにこれまであまりクローズアップされてきませんでした。『歎異抄』の歴史的背景を語るとき、善鸞事件にはみな触れるのですが、でもそれだけでは説明がつかず、日蓮の存在を置かないと読めないところとして、二条や十七条が挙げられると思うのです。それで、そうやって日蓮の存在を置いて、もっと全面的に『歎異抄』について考え直してみたら、どのような論理的な問題があるのかということを、多分これからはもっと詰めていかなきゃいけないのだと思いますね。今はまだうまく整理できていませんけれど……。

南無阿弥陀仏

（注）

1　佐藤はもともと『歎異抄』は、まず①別序（通説の「中序又は別序」）、②十一条～十八条（通説の「異義篇」）、③後序（通説「後序」の前半部分）が『異義条々』として一冊にまとめられ、次に④和文序（通説「後序」の後半部分）、⑤漢文序（通説の「前序」）、⑥一条～十条（通説の「師訓篇」）、⑦流罪の記録としてまとめられた部分であるいわゆる『歎異抄』という二冊から成っていたと主張している（佐藤正英『（定本）歎異抄』青土社、2006年、137‐150ページ：同『歎異抄論釈』青土社、2005年、107‐231ページ）。

2　近角は上段（一条～十条の語録）と下段（十一条から十八条の歎異）に分け、一条と十一条、二条と十二条、以下次第して九条と一九条が前後照応していると見る『歎異抄』の捉え方を提唱している。「師訓篇」を九箇条と見るもので、十条は「異義の徴標」とする（近角常観『歎異抄愚注』山喜房書林、1981年。なお、曽我量深『歎異抄聴記』『曽我量深選集第六巻』弥生書房、1979年〔五版〕、70‐71ページも参照）。

3　西田は「師訓篇」を八条までとし、「師訓篇」と「異義篇」は逐一対応しているとは言えないが、いずれも八箇条あるという形で数的に総体として対応しているとする。そして、九条を「師訓篇」の後序と見ており、十条を二つの部分に分割するのは間違いだとしている（『西田真因著作集第一巻　歎異抄論』法蔵館、2002年、3‐37ページ）。

4　深励は、『歎異抄』全十八ヵ条の大綱は「勧信誡疑」（信を勧め疑を誡めること）であるとするが、一条をその「勧信誡疑」を説く総論的な条文とした上で、二条が「勧信」を説く条文、三条を一条の言う「弥陀の本願には、老少・善悪のひとをえらばれず」を表す条文、四条～八条を一条の「念仏にまさるべき善なきゆゑに」を示す条文、九条を「悪をもおそるべからず」を表現する条文、そして十条を「結び」の条文としている（香月院深励「歎異抄講林記上・下」一八一七年『真宗体系』１９３０年、23巻３８６-３８９ページ、24巻27ページ）。

5 藤は、「とおおせそうらいき」という言葉が二ヵ所（三条と十条）あることに着目して、「師訓篇」を大きく二つに分け、まず一条～三条を「唯信」を説く条文、次に四条～九条を「唯称」を説く条文だとしている。また、一条を「誓願章」、二条を「念仏章」、三条を「往生章」と呼んで、これらは信仰の「体」（絶対性）を示し、「我と仏（法）の関係」を明らかにする条文、四条を「慈悲章」、五条を「回向章」、六条を「自然章」と呼び、これらは信仰の「相」（柔軟性）を「我と人との関係」において説く条文、七条を「無碍章」、八条を「非行章」、九条を「歓喜章」と呼び、これらは信仰の「用」（弾力性）を自己そのものの内面生活に即して説く条文であるとして、最後の十条を「無義章」と呼んで前九か条の結びをなすものだとしている（藤秀璻『歎異抄講讃』百華苑、１９９８年〔八版〕、５３９-５４０ページ。他に、２１１ページ、２６８-２６９ページ、３４４-３４５ページ、３８２ページ、５１８-５１９ページ、５５１ページ、８４５-８４８ページ参照）。

6 早島は、一条を「他力のすくい」、二条を「ただ念仏して」、三条を「悪人正機」、四条～六条を「真実の愛」、七条～十条を「念仏に生きる人びと」を表すものだと分類している（早島鏡正『歎異抄を読む』講談社、１９９２年）。

7 藤は、「異義篇」各条につき、十一条を「名号」、十二条を「学問」、十五条を「報土」、十七条を「辺地」を主題とする条文として、これらの条文で批判される異義を「誓願派・理論派・哲学派・観念派・高踏派」の異義と呼び、十三条を「宿業」、十四条を「報謝」、十六条を「廻心」、十八条を「法身」を主題とする条文として、これらで批判される異義を「専修派・実行派・倫理派・功利派・常識派」と呼んでいる（藤前掲書、31-32ページ、34-36ページ、104ページ）。

8 梅原は、「異義篇」を「概念化の異義」（観念的な「智」を固定化し、誓願不思議を信ずる者）と「律法化の異義」（実践的な「行」を功利化・律法化し、名号不思議を信ずる徒）に大別し、十一条（誓名別執の異義）・十二条（学解往生の異義）・十五条（即身成仏の異義）・十七条（辺地堕獄の異義）を前者に、十三条（怖畏罪悪の異義）・十四条（念仏滅罪の異義）・十六条（自然廻心の異義）・十八条（施量分報の異義）を後者に配当している（梅原真隆『歎異抄』宝文館出版、1989年、15-23ページ。他に、梅原真隆『大蔵経講座　正信偈講義・歎異鈔講義』東方書院、1933年、207-217ページ・同『歎異鈔の意訳と解説』親鸞聖人研究発行所、1928年〔十七版〕、187-205等参照）。

9 早島も「異義篇」を「概念派の流れに属するもの」と「律法派の流れに属するもの」に分けて梅原真隆の見解をほぼそのまま踏襲している（早島前掲書）。

10 なお、「師訓篇」と「異義篇」の関係について金子大栄（1881-1976年）は次のように述べている。126ページの資料【師訓篇と異義篇の関係図式】の中の「＝＝線は強い関係を示す」というのは、以下の文で金子が「その対応のとくに明らかなのは語録の第一・第二・第三と、歎異の第十一・第十二・第十三である」ということを図に示したものである。講演当日は金子のものは読まなかったが、【師訓篇と異義篇の関係図式】の補足としてここに注記しておきたい。「語録と歎異との間には、おのずからなる対応がある。しかしその対応のとくに明らかなのは語録の第一・第二・第三と、歎異の第十一・第十二・第十三である。その中にも、「念仏より外に往生のみちをも存知し、また法文等をもしりたるらんと、こゝろにくゝおぼしめしておはしましてはんべらんは、おほきなるあやまりなり」という第二章と、「他力真実のむねをあかせるもろもろの聖教は、本願を信じ念仏をまうさば仏になる、そのほか、何の学問かは往生の要なるべきや」とある第十二章との対応は何人も気づかれることであろう。また「善人なをもて往生をとぐ、いはんや悪人をや」の第三章と、「この条、本願をうたがふ、善悪の宿業をこゝろえざるなり」とある第十三章との対応も明瞭である。これをもって推せば第四章已下の語録が第十四章以後の歎異の証文となることも推知されよう。……ただその対応は、前三章のように逐条的ではない。……最も重要なることは、第一章と第十一章との対応である。その第十一章は、いわば唯円の歎異総論である。これに対して第十二章以後は、歎異各論ともいうべきものであろう。したがって語録における第一章もまた親鸞の行信の全体を述べたものである。それは語られた真宗の要旨である。この点から見れば第二章以下の語録も、第一章に摂まるのである。それだけ第一章の言葉は含蓄が多く、容易に了解しがたいものがあるようである。」（金子大栄校註『歎異抄』岩波書店、１９３１年、９‐10ページ）

11 宗教教義のレベルの問題と倫理道徳のレベルの問題が、ストレート（対称的）に結びつくわけではないということは、そもそも「異義篇」全体を「誓名別信計」と「専修賢善計」に分ける了祥の分類自体についても言えることであろう。前者（「誓願か、名号か」「一念義か、多念義か」という問題）は宗教教義のレベルの問題であり、後者（「造悪無碍か、専修賢善か」という問題）は倫理道徳のレベルの問題だからである。確かに、倫理道徳のレベルで「専修賢善計」（十三条・十四条・十六条・十八条）として分類される異義は、宗教教義のレベルにおける「多念義」に結びつきやすいとは言えると思うが、特に宗教教義のレベルで「誓名別信計」（十一条・十二条・十五条・十七条）に分類される異義は、必ずしもそのまま倫理道徳のレベルにおける「造悪無碍」につながるわけではないどころか、むしろこちらの系統の異義も、「専修賢善」の方につながりやすいのではないかと思われるのである。この点に『歎異抄』「異義篇」のもつ非対称性（著者唯円は「造悪無碍」に近い立場に立っている）という問題があると思われるが、これについてさらに考察を深めることは今後の課題としたい。ただ、講演当日、この問題には詳しく立ち入る余裕はなかったが、極めて重要な問題だと思われるので、ここに注記し補足しておきたい（１２７ページの資料【「誓名別信計」と「専修賢善計」の非対称性】参照）。

12

講演当日はこの図式について詳しく説明する余裕がなかったので、この注で補足しておきたい。この図式の中で、『歎異抄』の著者の立場」から「専修賢善・多念義」への批判の矢印がすべて実線になっているのは、「異義篇」のすべての条文にこの批判のベクトルを見つけることができるという意味である。しかし、それに対して、「造悪無碍」に対する批判のベクトルは見ることができるとしても、十一条と十三条に、せいぜい間接的で弱いものとして見られるに過ぎないということを、『歎異抄』の著者の立場」から「造悪無碍・一念義」への批判の矢印を点線にして示している。すなわち、十一条に「造悪無碍」批判が読み取れるとしても、それは確かに同条は「誓願」（一念義）と「名号」（多念義）のどちらか一方に偏することは否定しているので、そこに間接的に「一念義・造悪無碍」に対する批判があると、かなり無理して読み取ろうとすれば読み取れるかもしれないという程度のことであるし、また、十三条に「くすりあればとて、毒をこのむべからず」という御消息の言葉が引かれているのは、文字通りの「造悪無碍」批判というよりも、一応それを批判して見せるという「アリバイ作り」でしかないということから、その批判は極めて弱いものであるということを、図式の点線は示しているということである。

13　後日、このやりとりで引き合いに出した論文である遠藤美保子「親鸞の他力思想と悪人正機説に関する再検討――造悪無碍説批判を中心に――」（『仏教史研究』32号、1995年）を確認したが、その該当部分を少し紹介して補足しておくと、遠藤は『教行信証』「信巻」に引用された「謗法は自分一人の心の問題だが五逆は他人を害する罪である。（従って謗法より五逆の方が罪が重いのではないか）。また何故人間は五逆の重罪を犯すのか」という問題をめぐる『浄土論註』の問答（本願寺派『浄土真宗聖典』298ページ・大谷派『真宗聖典』273ページ）を解説して、次のように記している。

「答の論理は、A＝諸仏が善法を教えてくれるのでなければ人間はどうやって善悪の判断をするのか、B＝五逆罪は正法を知らぬ（無正法＝無明の）者がその無知の故に犯してしまうこともあるが、謗法はあえて正法そのものを否定する罪である故に五逆より罪が重い、というものである。これはこの後続く抑止門の論理と呼応している。「抑止」の論理では、「五逆罪＝已作」「謗法＝未造」とされる。即ち、五逆罪は罪と知らずに（無明の故に）正法を聞く以前に犯してしまっている場合もあるが、謗法は正法を知らなければ犯しえない（知らないものを誹謗することはありえない）のであり、従って謗法は正法を教える時点で未然に抑止することが可能である、というのである。その故に、正法を知りながら（無明ではないのに）あえて犯す五逆罪は謗法と等しい。以上の無正法・未造業の例が阿闍世物語であることは明かである。阿闍世は無明のままに父王を殺し、自分ではその行為の善悪判断ができない。しかし仏説を教えられ自分の行為の意味を知り、病気も回復する。逆謗摂取釈では「罪」に関し已作未造・無知既知の違いが重視される。即ち、無明状態か仏教を知っているかによって、悪の意味が異なってくる。そして、逆謗摂取釈の論理は明らかに造悪無碍説とは両立しない。何故なら、『教行信証』(阿闍世物語や『論註』の引用が意味するもの)は無知の故の罪を許すに過ぎないが、造悪無碍(本願ぼこり)は本願(仏教・仏説)を知っていてなお悪を犯すことであり、このような意識的な造悪は謗法に相当するからである。」

【師訓篇と異義篇の関係図式】（妙音院了祥の見解に基づいて作成）

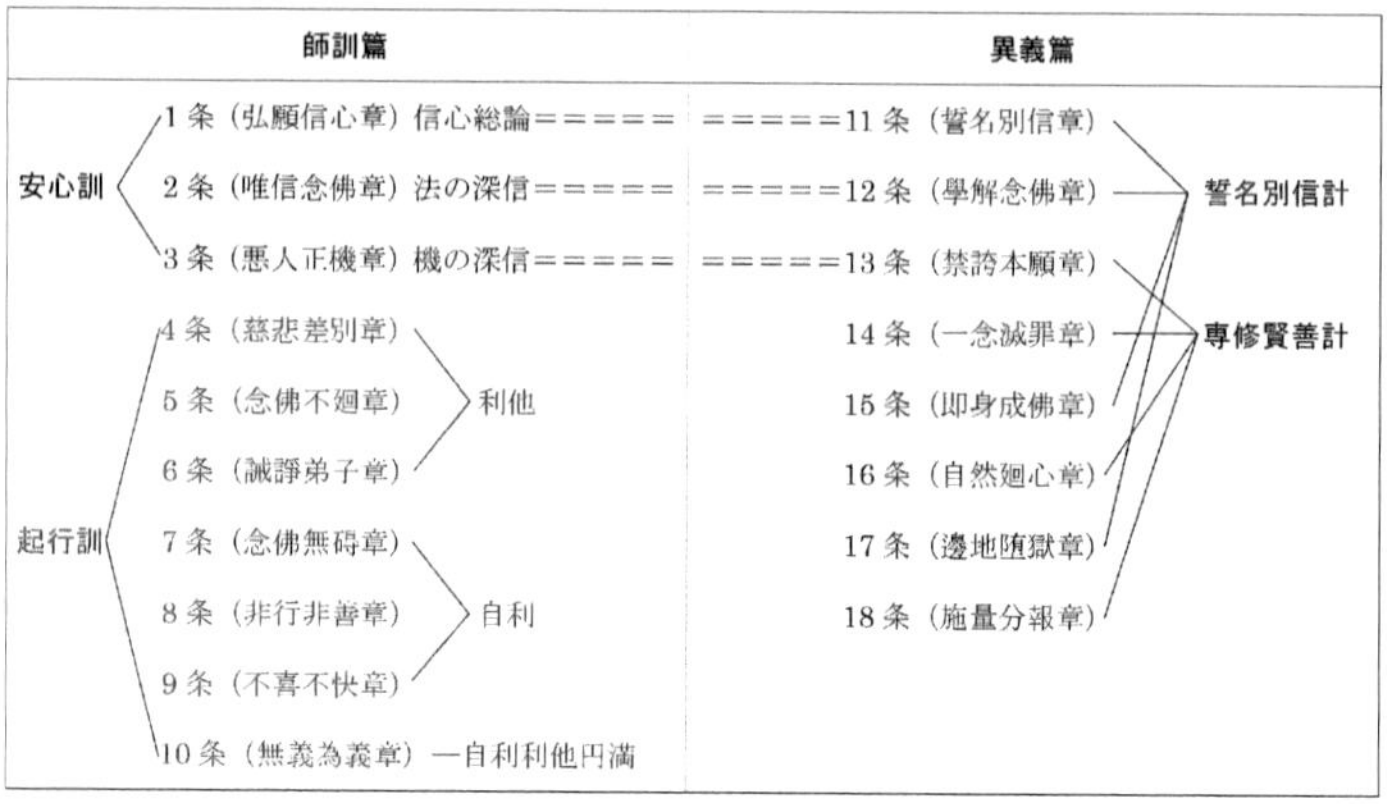

※＝＝線は強い関係を示す。

【『歎異抄』「異義篇」の一般的な見方】

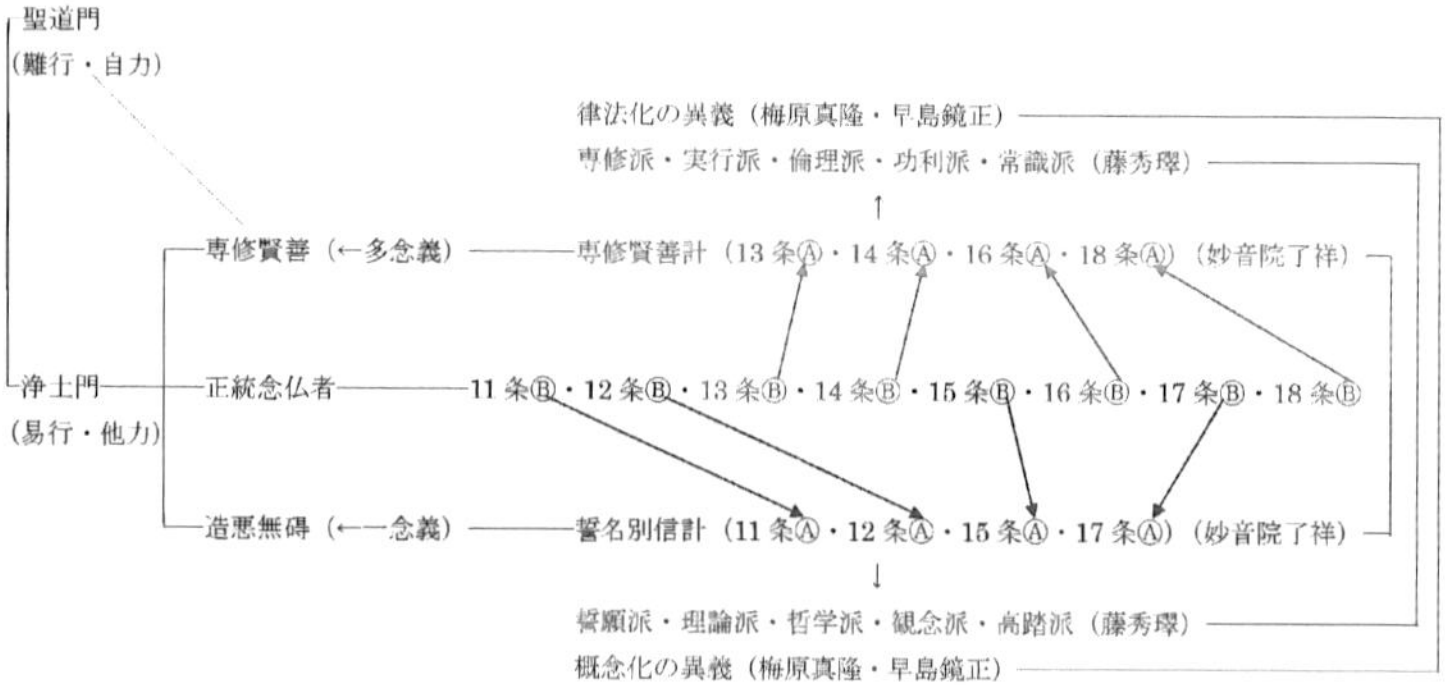

ⒶⒶ＝異義篇各条で批判されている異義
ⒷⒷ＝異義篇各条を批判する『歎異抄』の著者の立場
Ⓑ──→Ⓐ・Ⓑ──→Ⓐ＝批判

【『歎異抄』「異義篇」に対する順誠の見解】

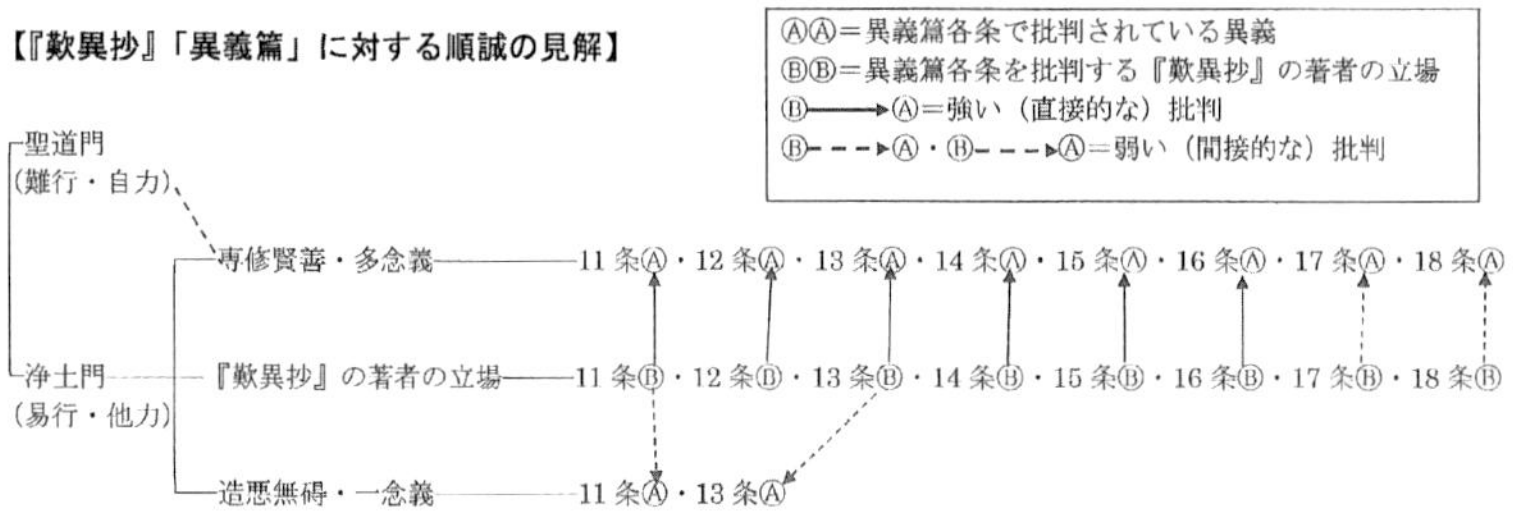

【「誓名別信計」と「専修賢善計」の非対称性】

		倫理道徳のレベル	
		造悪無碍	専修賢善（計）
宗教教義のレベル	一念義 誓名別信計	第 11 条⟶	→？
		第 12 条⟶	→？
		第 15 条⟶	→？
		第 17 条⟶	→？
		↓	
	多念義	↓	第 13 条
		？	第 14 条
			第 16 条
			第 18 条

※宗教教義のレベルにおける誓名別信計（第 11 条·第 12 条·第 15 条·第 17 条）は、倫理道徳のレベルにおける造悪無碍の立場と、自動的・必然的に結びつくものであろうか？　また、そもそも誓名別信計は一念義の立場と同じものであろうか？（倫理道徳のレベルにおける専修賢善の立場〔第 13 条·第 14 条·第 16 条·第 18 条〕が、宗教教義のレベルにおける多念義と結びつきやすいのは事実だと思われる。）

あとがき

〽思えば遠くへ来たもんだ　この先どこまでゆくのやら

（海援隊「思えば遠くへ来たもんだ」作詞：武田鉄矢　作曲：山木康世）

実は、『歎異抄』に対する倫理的な批判は昔からあった。例えば、「歎異抄の悪人礼賛は見て居れん」という長井真琴の「歎異抄の厳正批判」（『大法輪』29(8)、1962）があったことは、よく知られたことであろう。この論文において長井は、漢訳仏典もサンスクリット語・パーリ語仏典も、どこを見ても悪事を戒め善事を勧めているものばかりで、小悪でも小罪でも無条件に許したものなどないとし、親鸞も消息において懇切に悪を戒め善を勧めているとした上で、『歎異抄』を批判している。ただこの論文において取り上げられているのは、『歎異抄』の1条・3条及び13条の三か条だけである。従って、『歎異抄』全体の構造が検討されているわけではない。

また、『歎異抄』批判の書という意味では、石田瑞麿の『歎異抄——その批判的考察——』（春秋社、1984、新装版）があり、この書物によって私は、『歎異抄』を読む場合にはそれに心酔するのではなく、むしろ批判的に読むことこそが重要であるということを教えられた。その意味では、これは私にはとても大切な書物である。が、残念ながら、この書で取り上げられているのは師訓篇の方だけで、異義篇は検討されていないという問題がある。

そこで、もし私の『歎異抄』批判に意味があるとすれば、本書の前半で取り上げた3条と13条に対する批判が――もしそれだけで終わっていたならば、既にある先人の批判の塗り直しにすぎず、さほど新味もないものに終わったであろうところ――、『歎異抄』という書物の構造全体の読み方に支えられていることだと、私は考えている。すなわち、特に異義篇の読解を通して、「専修賢善」に対する批判は、「専修賢善計」(13条・14条・16条・18条)に限らず、『歎異抄』の至る所に見られるのに、「誓名別信計」と呼ばれる11条・12条・15条・17条などにも「造悪無碍」に対する批判は見当たらない、従って『歎異抄』は「専修賢善」と「造悪無碍」の二つの異義の間でバランスなど取っているわけではないということを、テキストの読解を通して証明するということは、あまりなされてこなかったと思われるので、その点が私の『歎異抄』批判の最大の「売り」だと、竊《ひそ》かに自負しているのである。

ちなみに、私は本書の本文及び注において『歎異抄』全体の構成について諸説あることを紹介しているが、私の異義篇の読解はそうした諸説とは同趣旨のものではないと、念のため言っておきたい。というのは、『歎異抄』の師訓篇と異義篇は書かれた時には逆の順序だったのではないか(佐藤正英説)とか、もともと師訓篇も異義篇も8か条ずつだったと読むべきではないか（西田真因説）とかといった議論（そのような形で新説を提示したいという願望）は、何か宝探しのような面白さはあっても、倫理的にはあまり問題ではないからである。『歎異抄』の抱える倫理的課題とは、今現在一般に目にするテキストが、現代の一般人にどのような影響をもたらしてきたのかを考えることなのである。そこで、私の異義篇の読解は、単なる『歎異抄』の文章構成上の問題ではなく、その倫理的立場を検討したものだということを強調しておきたいのである。

それにしても、往々にして自分でも気づかないうちに予めかけてしまっている色眼鏡を外して少し読み進めば、『歎異抄』に「造悪無碍」批判など見つけられないことには、すぐに気づけそうなものなのに、なぜ今までそれが明らかにはされてこなかったのであろうか。それは私には、近代において（明治以降）『歎異抄』は間違いなく一番人気のある浄土真宗の書物であったし、また日本で一番人気のある宗教書の一つでさえあったので、論者はこれを全面的に否定して捨て去ることを怖れ、何とかしてこれが「専修賢善」と「造悪無碍」の間でうまくバランスを取っている書物である、と読むことが習いになってしまったからではないかと思われる。

しかし、本書のように批判的に読み解いてしまったからには、もう私は適当なところで『歎異抄』を救い出すことなどできなくなってしまった。かつて取り憑かれたようにその言葉を口ずさんでいた頃があったことを思えば、本当に「思えば遠くへ来たもんだ」と感じざるを得ない。そして「この先どこまでゆくのやら」と考え込まざるを得ないのである。

ただ、私は本書の中で「親鸞の残した課題」として、「専修賢善」に陥ることなく「造悪無碍」を克服することはいかにして可能か、という問題を提起しておいた。この課題を考え続けることを通して、『歎異抄』に依りかかる必要などないような、新しい親鸞像を構想するしかないと私は考えている。それがどういう形になるのかは、まだ分からない。今後の課題である。が、この困難な歩みを共にして下さるような御同朋御同行を求めてやまない。

南無阿弥陀仏

寿台順誠

著者略歴

寿台 順誠（じゅだい・じゅんせい）

１９５７年、真宗大谷派正雲寺（名古屋市中川区）に生まれる。１９８１年３月、早稲田大学第一文学部ドイツ文学科卒業後、僧侶として正雲寺に勤務するかたわら１９８２年４月、同朋大学文学部仏教学科に編入学して仏教（浄土真宗）を学ぶ。１９８４年３月、同大学卒業後、関西のいくつかの寺院に勤めながら靖国問題・部落差別問題等に関する仏教者としての社会的諸活動を経て、１９９０～１９９３年、参議院議員翫正敏（当時）の公設第一秘書を務め、平和と人権に関わる諸問題（ＰＫＯ・戦後補償等）に関わる。

秘書辞任後、１９９４年４月から、横浜国立大学大学院国際経済法学研究科修士課程において国際関係法を学び（１９９７年3月、同大学院修了）、１９９８年４月からは一橋大学大学院法学研究科博士後期課程において憲法を学ぶ（２００７年３月、同大学院退学）。また、この間、１９９９年には浄土真宗本願寺派光西寺に入寺（真宗大谷派から浄土真宗本願寺派に転派）、２００１年に同寺住職に就任、「学びの場」としての寺作りを模索してきた。２０２１年12月、後継に住職を譲り、現在は同寺前住職となっており、今後は一個人として思想信仰の問題を究めたいと思っている。

さらに最近では、２０１１年４月より早稲田大学大学院人間科学研究科修士課程においてバイオエシックス（生命倫理）を学び（２０１４年３月、同大学院修了）、２０１６年４月からは早稲田大学大学院社会科学研究科博士後期課程において日本文化論を学んだ（２０２２年３月、同大学院を退学したが、現在、博士論文を執筆している。論文の仮題は「近現代日本の生老病死―文学作品に見る仏教と生命倫理―」）。

（光西寺ホームページ：http://www.kousaiji.tokyo/）

批判的に読み解く「歎異抄」

——その思想のもつ倫理的課題——

2023年2月28日発行　著　者　寿台順誠

発行者　向田翔一

発行所　株式会社 22 世紀アート
〒103-0007
東京都中央区日本橋浜町 3-23-1-5F
電話　03-5941-9774
Email: info@22art.net　ホームページ：www.22art.net

発売元　株式会社日興企画
〒104-0032
東京都中央区八丁堀 4-11-10 第 2SS ビル 6F
電話　03-6262-8127
Email: support@nikko-kikaku.com
ホームページ：https://nikko-kikaku.com/

印刷
製本　株式会社 PUBFUN

ISBN：978-4-88877-178-8